SALTO

Im Sommer 1954 versammelt sich in Palermo ein Kreis von literarisch Interessierten um den wohlvorbereiteten Hausherrn:
Giuseppe Tomasi di Lampedusa, dessen Roman Der Leopard *noch in der Schublade ruht, bemüht sich redlich, seinen »palermitanischen Ignoranten« die englische Literatur beizubringen.*

Mit der Frische des Nichtfachmanns, der Leidenschaft des besessenen Lesers und der professionellen Kenntnis des literarischen Handwerkers beschreibt Tomasi di Lampedusa den Beginn und die Protagonisten der Literarischen Moderne in England, unternimmt weitläufige Ausflüge zu Biographien und Werken, weckt die Liebe zu England und zum Lesen, und zeigt schließlich, wie die veränderten Schreibweisen die Vorboten neu hereinbrechender Lebensformen sind.

Giuseppe Tomasi di
Lampedusa

*Morgenröte der
englischen Moderne*

Aus dem Italienischen von
Friederike Hausmann

Verlag Klaus Wagenbach   Berlin

Inhalt

Die übliche nutzlose Vorrede

Zu diesem Überblick über die zeitgenössische englische Literatur konnte ich mich erst nach längerem Zögern entschließen. Aus mehreren Gründen: der wesentliche (wenn auch vorübergehende) Grund liegt in der gegenwärtigen Temperatur. Ich bin gewohnt, zwischen fünfzehn und achtzehn Uhr zu schreiben, also zur Zeit der größten Hitze. Außerdem sitze ich jetzt schon seit acht Monaten an diesem müßigen Vorhaben und habe allmählich genug davon.

Den zweiten Grund der Unsicherheit bildet meine nur unvollständige Kenntnis der zeitgenössischen Autoren. Die etwas »älteren« (James, Kipling, Chesterton, Shaw) kenne ich ganz gut. Das »gut« bezieht sich natürlich nur auf die Anzahl der gelesenen Werke; die Tiefe ihres Verständnisses hängt von meinen bescheidenen geistigen Fähigkeiten ab. Mit der Einschränkung könnte ich dann sogar behaupten, diese Autoren neben Shakespeare und Dickens am besten zu kennen. Bei den jüngeren Autoren allerdings sieht es anders aus. Hier in Palermo ist moderne englische Literatur nicht nur nicht zu erhalten, man nimmt nicht einmal ihr Echo wahr. Die Buchhandlung »Flaccovio« tut sich etwas darauf zugute, als »Neuheiten« *The Cocktail Party* und *The Family Reunion* im Schaufenster auszustellen, Werke, die zwanzig Jahre alt sind. Daß es einen Graham Greene gibt, weiß man vom Hörensagen, nicht aber aus unmittelbarer Kenntnis eines Textes. Man muß sich bis nach Rom begeben und sich der Mühsal der »Bestellungen« unterziehen (von denen zwei von dreien erfolglos bleiben), um ein neu erschienenes Buch in die Hand zu bekommen. Gar nicht zu reden von zweitrangigen Autoren, die mich, wie Sie wissen, besonders interessieren, deren Existenz aber schlicht ignoriert wird.

Schon allein aus diesen Gründen bleiben bei meinem Überblick immer »weiße Flecken« auf dem »Kontinent« der zeitgenössischen englischen Literatur, eine geographische Darstellung, die mir historisch gänzlich unangemessen erscheint.

Eine weitere Schwierigkeit liegt in der richtigen Bewertung und Einordnung der Autoren. Unsere Sympathien und Antipathien, unsere bessere oder schlechtere Kenntnis verfälschen das Bild der zeitgenössischen Literatur. Das »Dekantieren« durch die Zeit hat noch nicht stattgefunden. Um nur ein Beispiel herauszugreifen: Wird das Werk von Shaw überdauern oder ziemlich bald vergessen sein? Wird Virginia Woolf als ebenbürtig mit Dickens und Hardy angesehen werden? Wird ihre sehr persönliche Erzähltechnik »Schule« machen, oder wird man der Meinung sein, sie habe damit nur dem allzu »dürftigen« Inhalt äußerlichen Glanz verliehen?

Solche und ähnliche Zweifel lassen meine Zuhörerschaft vielleicht unberührt, um so mehr aber quälen sie denjenigen, der – wenn auch nur grobe – Bewertungsmaßstäbe setzen will.

Nicht zuletzt fürchte ich auch, Sie zu langweilen, und das sage ich ganz ohne falsche Bescheidenheit. Ich habe nämlich festgestellt, daß die Passagen meiner Vorträge am seltensten verhaltenes Gähnen provozierten, in denen ich Absonderlichkeiten oder Skandale aus dem Leben der Autoren behandelte. Über lebende oder jüngst verstorbene Autoren ist aber zu wenig bekannt und in Palermo schon rein gar nichts, um daraus die vergnüglichen Anekdoten zu schöpfen, die Sie so sehr interessieren. Deshalb kann ich hier bloß eine Aufzählung der Werke bieten, ohne sie durch pikante Histörchen zu beleben und ohne sie einer abschließenden Würdigung zu unterziehen, die ich nicht leisten kann, und die im übrigen von Fachleuten sofort in Grund und Boden verdammt würde.

Bleibt uns also nichts anderes übrig, als uns wie die Argonauten auf die Fahrt in ein »mar putridum« von Leere und Langeweile zu begeben?

Wozu soll das gut sein? All die behandelten Autoren kennen Sie dem Namen nach selbst, Sie werden von fast allen hervorragende Übersetzungen finden und von den übersetzten Büchern hervorragende Zusammenfassungen, z. B. in der Enzyklopädie Bompiani, die wegen ihrer Illustrationen berühmt ist. Wozu also etwa über *Kim* sprechen, wenn Sie ganz einfach einen der roten Bände aufschlagen können, um nach kurzem Blättern eine bequeme Zusammenfassung zu finden, gefolgt von ausgezeichneten Kritiken etwa folgender Art:

»Kipling war einer der größten Erzähler unserer Zeit.« Hans Hansen.

»Vielleicht besaß Kipling viele Fähigkeiten, dazu gehörte aber sicherlich nicht das Erzählen.« Hinz Kunz.

Am Ende bin ich zu dem Schluß gekommen: ob ich schreibe oder nicht, heiß bleibt es doch.

Warum sollte ausgerechnet ich armer Mensch abschließende Urteile fällen? Die Welt wird nicht untergehen, wenn ich behaupte (was mir überhaupt nicht in den Sinn kommt), daß der Ruhm von Wells die Jahrhunderte überdauern wird, und wenn sich dann nach zwanzig Jahren herausstellen sollte, daß sich niemand seiner Werke erinnert.

Werde ich Sie nur langweilen? Nichts ist lehrreicher als die Langeweile. In der Schule beispielsweise bietet sie für die Schüler die erste und wichtigste Vorbereitung auf das wirkliche Leben.

Wird meine Darstellung irgendeinen Nutzen bringen? Was aber ist eigentlich wirklich nützlich? Auch etwas ganz und gar Unentbehrliches, wie z. B. ein Kilo Brot, hilft vielleicht bloß einem Gauner, für weitere vierundzwanzig Stunden Gaunereien zu begehen.

Daher vorwärts, aber zwangsläufig auf einer anderen Ebene als bisher. Ich werde nur einzelne Autoren und jeden für sich behandeln, ohne den (sowieso vergeblichen) Versuch, die Geschichte einer Epoche zu entwerfen.

Henry James

Dieser herausragende Schriftsteller wird hier im Grunde zu Unrecht besprochen. In erster Linie, weil er eigentlich Amerikaner und nicht Engländer war und in zweiter, weil seine besten Werke fast alle in der spätviktorianischen Zeit erschienen sind. Ich kann aber gleich dagegensetzen, daß James Amerika schon als junger Mann verlassen hat, später nur selten und für kurze Zeit zurückkehrte, und als englischer Staatsbürger starb. Es dürfte schwer sein, einen anderen derart unamerikanischen Geist zu finden, so ganz Sensibilität, so voller Bewunderung für die feinsten Nuancen der abendländischen Kultur. Ein großer Teil seines Werkes ist zwar unter der Herrschaft der Königin Viktoria entstanden, aber es ist genau so offensichtlich, daß er erst im 20. Jahrhundert großen Einfluß auf den englischen (und französischen) Roman ausübte und glücklicherweise noch ausübt.

James wurde 1843 in New York geboren, und übersiedelte als Siebzehnjähriger nach Boston in Neuengland, wo die geistige Tradition des Mutterlandes mit all ihren Vorzügen und Vorurteilen hartnäckig gehütet wurde. Er entstammte außerdem einer Familie der sogenannten Aristokratie, die über drei Jahrhunderte jede Vermischung mit nichtenglischen Einwanderern vermieden hatte. Durch Wohlstand, kulturelle Tradition und gesellschaftliches Ansehen hatte sich ein Lebensstil herausgebildet, der sich in nichts von dem der »landed gentry« in Großbritannien unterschied. Noch als berühmter, alter Mann von siebzig Jahren rühmte er sich mit kindlichem Stolz der Tatsache, daß er nie wegen seines »Aussehens und Akzents in Europa von irgend jemandem als Amerikaner« angesehen worden sei.

Henry James entstammte einer sehr kultivierten Familie: Zwei seiner Brüder wurden nicht weniger berühmt als er selbst: der ältere als Vertreter des philosophischen Pragmatismus, der jüngere als einer der führenden Mathematiker des beginnenden 20. Jahrhunderts.

Ich habe nicht umsonst den kulturellen und familiären Hintergrund von James ein wenig ausführlicher behandelt. Denn nur daraus erklären sich die Leitmotive seines umfangreichen Werkes, seine Vorliebe für bestimmte Themen, für Herrenhäuser und für Menschen mit guten Manieren, für deren Beschreibung er sich besonders geeignet hielt. Auf der Suche nach Themen entzündete sich seine künstlerische Phantasie immer wieder an diesem in sich geschlossenen Milieu mit seinen zerbrechlichen und komplizierten menschlichen Beziehungen.

Gerade weil er in Amerika geboren war, war James in der Lage, dieses Milieu mit einer gewissen Distanz zu beschreiben, fast als bewundernder Außenseiter, eine Haltung, die von seiner Erzähltechnik unterstützt wurde. Er irrte wie ein Gott auf Urlaub durch die Salons Europas und beobachtete mit leidenschaftsloser Neugierde das merkwürdige Benehmen jener Klasse von Sterblichen. Sein Augenmerk richtete sich vor allem auf diejenigen, die sich am strengsten an die Riten und Traditionen ihrer eigenen Klasse hielten. James hielt nur dort inne, wo sich in der dramatischen Steigerung des gleichsam liturgischen Ablaufs der Handlungen und Verhaltensweisen ein krisenhafter Moment ankündigte.

Seine großartige Kunst war vollkommen desinteressiert, damit meine ich, sie war nur um ihren eigenen Ausdruck bemüht, nur darum, einen bestimmten Teil des Lebens bis in alle Einzelheiten zu zeigen, ein Thema als interessantes Konzentrat der Wirklich-

Henry James

keit vor Augen zu führen. Der Autor durfte an der
Wirklichkeit nichts verändern, nichts berühren, mußte nur alles ganz genau darstellen. Er wollte seine
Leser nicht bessern, wollte sie nichts lehren, sie von
keiner moralischen, politischen oder gar religiösen
Wahrheit überzeugen. Über die Belehrung sagte er,
sie sei »rubbish which my brother has to sweep«.

Er wollte mit seiner Kunst nicht mehr und nicht weniger als das Leben in seinen interessantesten Erscheinungsformen festhalten. »Art«, schrieb er, »is the one corner of human life in which we may take our ease. To justify our presence there the only thing demanded of us is that we shall have felt the representational impulse.« Und weiter: »There the tree is judged only by its fruits. If these are sweet the tree is justified – and not less so the consumer. We are not under theological government.«

Immer war es ein starker äußerer Eindruck, der in ihm den Impuls zum Schreiben auslöste. Ein paar Worte während eines Essens bei einem Freund, die ihm bedenkenswert erschienen waren, veranlaßten ihn, einen seiner besten Romane, *The Spoils of Poynton,* zu verfassen. Mit Zeitproblemen beschäftigte er sich nicht und hätte es wohl gar nicht gekonnt, denn alle seine Romane sind die Darstellung einer Krise. Darin liegt der einzige, wenngleich wesentliche Unterschied zu Proust.

Aus dem Gesagten läßt sich unschwer verstehen, daß James Werk nicht zu analysieren ist, denn jede auch nur minimale Veränderung brächte das empfindliche Ganze durcheinander, auch wenn es jemand weniger ungeschickt analysierte als ich. So habe ich eigentlich nicht mehr zu sagen, als die Titel seiner berühmtesten Romane aufzuzählen, und »berühmt« heißt bei James zugleich »gut« angesichts der begrenzten Zahl von Lesern, die seine Kunst zu schätzen wissen: Neben *The Spoils of Poynton* und *What Maisie Knew* stellt *The Ambassadors* nach meinem Urteil einen der Höhepunkte dar von dem, was James und viele andere je geschrieben haben; von *Portrait of a Lady* habe ich eine bei Einaudi verlegte Übersetzung gesehen, ein Zeichen dafür, daß man bei uns große Schriftsteller doch wenigstens vierzig

Jahre nach ihrem Tod wahrnimmt. Auf *The Golden Bowl*, das von James Werken am schärfsten kritisiert wurde, folgte als letzter und unvollendeter, aber zugleich eindringlichster und faszinierendster Roman *The Sense of the Past.*

Dennoch bin ich mir sicher, daß Sie diese Romane nie lesen werden, ein wenig, weil sie im Original nur schwer aufzutreiben sind, ein wenig, weil Sie einfach keine Zeit haben, und ein wenig, weil Sie sie einfach nicht interessant genug finden. Henry James Bücher handeln nämlich einzig und allein von Beziehungen zwischen Männern und Frauen, die völlig normal und auch real sind, die Sie aber in Ihrer Unkenntnis der Welt außerhalb von Palermo für Phantasiegespinste des Autors halten. Da Sie also meiner Meinung nach die Werke von James nicht im Original lesen werden, möchte ich Ihnen doch wenigstens eine Vorstellung von der Kunst des Autors vermitteln, anhand zweier langer Novellen, die seine Weltanschauung gut zeigen und von denen zumindest die zweite ein hervorragendes Beispiel seines sehr expressiven Stils ist. In einem Band der »Everyman's Library«, die man nördlich von Palermo überall ohne Schwierigkeiten bekommen kann – vorausgesetzt natürlich, daß die Buchhändler ihre Existenz kennen, – sind *The Turn of the Screw* und *The Aspern Papers* abgedruckt. Besser können Sie 600 Lire, so viel kostet nämlich die »Everyman's Library«, nicht anlegen. Die erste Novelle schildert die tragische Geschichte zweier Kinder, die von der Faszination der Sünde besessen sind, eine Besessenheit, die der Schriftsteller als phantastische Erscheinungen erfahrbar macht. Der Autor vermittelt auf eindringliche Weise den allmählichen Verlust moralischer Orientierung, die trostlosen Erfahrungen, die zunehmende Heuchelei und vorschnelle Alterung der

Henry James

zehnjährigen Kinder. Der Leser bleibt mit einem Gefühl dumpfer Bitterkeit zurück, verstärkt durch das schreckliche Adjektiv »dispossessed« in der letzten Zeile. Das zweideutige Wort wirkt an dieser Stelle wie ein Spalt in der Tür zur Hölle. Dieses Jugendwerk zeigt James bereits auf der Höhe seiner Fähigkeit zur tiefgründigen Seelenerforschung, ohne daß er jedoch seinen eigenen unverwechselbaren Stil gefunden hätte. Natürlich ist die Erzählung hervorragend geschrieben, aber so wie sie jeder andere gute Schriftsteller auch hätte schreiben können.

The Aspern Papers spielt unter Amerikanern in Venedig und behandelt einen Komödienstoff (für den, der die unterschwelligen tragischen Anspielungen nicht wahrnehmen will). Ein junger Forscher hat erfahren, daß eine alte Amerikanerin in Venedig, die in ärmlichsten Verhältnissen lebt, Briefe des großen amerikanischen Dichters Aspern von unschätzbarem Wert besitzt. Diese von James erfundene Gestalt trägt viele Züge Byrons. Aspern hatte die Briefe siebzig Jahre früher an die Amerikanerin geschrieben, als sie seine strahlend schöne Geliebte war. Die Erzählung verfolgt den komplizierten Gang der Nachforschungen, die sentimentalen Verwicklungen, die daraus entstehen und die düstere Tragödie der fast hundertjährigen, mittellosen Frau. Alles liegt im Halbdunkel, eingebettet in das langsame Dahinfließen von James meisterhaftem Erzählstil, der uns tief in diese bizarren Ereignisse eintauchen und sie nie wieder vergessen lassen wird.

Vielleicht bringt die Magie seines Stils, der von allem, was ich kenne, Proust am nächsten kommt, Sie doch noch dazu, die sattsam aufgezählten Schwierigkeiten zu überwinden, und macht Sie neugierig auf die anderen Quellen geistiger Schönheit, die Ihnen James bieten kann.

Ich habe mich vor allem deshalb so lange bei James aufgehalten, weil ich sein Werk für einen der Höhepunkte der Weltliteratur halte. Dazu kommt aber auch noch ein ganz persönlicher Grund, denn ich hoffte, gerade an diesem Beispiel meine deterministische Theorie belegen zu können. Ich bin nämlich der Meinung, daß jedes überragende Kunstwerk (in diesem besonderen Falle beziehe ich mich auf Proust) auf Dutzenden von Vorgängern aufbaut, ganz zu schweigen von den tausendfachen ökonomischen und gesellschaftlichen Voraussetzungen. Auf dem Gipfelpunkt einer bestimmten Entwicklung fügt ein Künstler »nur noch« einige seiner vorbestimmten Fähigkeiten hinzu. Er feiert das Richtfest auf einem Bau, der von anderen gemauert worden ist.

William Butler Yeats

William Butler Yeats
und die keltische Morgenröte

Wenige Jahre vor der Wende des 19. zum 20. Jahrhundert wurde England von einem Wind aus dem Westen erfaßt. Wer sich mit Literatur beschäftigte, bemerkte, daß etwas Neues und Merkwürdiges begann, ebenso unerhört wie der Romantizismus eines Coleridge und Byron hundert Jahre früher. Die Brise wehte von Irland herüber und trug die Stimmen von Dichtern, die die alten Legenden eines tot geglaubten Volkes besangen. Aber dieses Volk war lebendig, und die Worte der Dichter waren getragen von Melancholie und einem zauberhaften Rhythmus, die den Namen der literarischen Bewegung rechtfertigten: »Keltische Morgenröte«.

Irland spielte keineswegs zum ersten Mal eine Rolle in der englischen Literatur. Unter den Schriftstellern der Vergangenheit haben wir schon viele Iren kennengelernt. Aber es waren immer entwurzelte Iren, die in England schrieben. Mit den besonderen Eigenschaften ihres Volkes, dem Sinn für das Satirische und zugleich Phantastische, bereicherten sie zwar die englische Literatur, ohne jedoch Eire in der Vordergrund zu stellen.

Diese neue Gruppe von irischen Schriftstellern aber setzte sich auch das politische Ziel, Geschichte und Literatur ihres Landes wiederzubeleben und im Lichte der irischen Tradition moderne Werke zu schreiben, die vom Geist, und wenn möglich, auch der Sprache ihres Volkes durchdrungen sein sollten.

Für die politischen Ziele wäre es ohne Belang, aber die künstlerische Bedeutung wäre wohl auf den bescheidenen Rahmen der Folklore beschränkt geblieben, hätten nicht große Dichter wie Yeats und

Synge, und bemerkenswerte Schriftsteller wie »AE«, Lady Gregory und Douglas Hyde an der Bewegung teilgenommen. So bildete »Celtic Twilight« nicht nur das notwendige intellektuelle Rückgrat der irischen Freiheitsbewegung, sondern brachte zugleich etwas zauberhaft Vages und eine nostalgische Melancholie in die Literatur des feindlichen England.

Es muß gesagt werden, daß die literarische Bewegung Irlands von England aus mit großer Sympathie verfolgt wurde, und zwar auch von denen, die ihre gegen England gerichteten Züge nicht anerkannten. Die »Irish National Literary Society« wurde 1891 gegründet, »The Gaelic League« 1893. Unter der Führung von Douglas Hyde war sie bemüht, das alte Gälische wieder zu beleben, das nur noch von wenigen Fischern und Hirten im äußersten Westen der Insel gesprochen wurde. Vor allem aber das 1899 entstandene »Irish Literary Theatre« brachte im berühmten Abbey Theatre von Dublin eine Reihe von Aufführungen auf die Bühne, deren Qualität und schauspielerische Leistung in der ganzen angelsächsischen Welt nicht ihresgleichen hatten. In diesen Jahren setzte sich Shaw an den englischen Theatern durch, und obwohl sein Ruhm ein breiteres Publikum erreichte, fanden die eigentlichen Höhepunkte der Bühnenkunst öfter im Abbey Theatre als in Haymarket statt. Die Mitglieder der literarischen Gesellschaften Irlands waren von der Mission durchdrungen, was noch an spezifisch Irischem in den Erinnerungen an die Vergangenheit, im Leben und im Denken der noch nicht anglisierten Bevölkerung vorhanden war, wiederzubeleben und für die Dichtung nutzbar zu machen. Sie wollten in den Volksglauben und die tiefen Geheimnisse eindringen, die in der Seele der Kinder Erins verborgen liegen; sie wollten diese Legenden mit dem modernen, strengen Realis-

mus versöhnen und alles in einer Sprache ausdrük-
ken, in der sich das Englische mit der typisch irischen
Satzbildung verbindet. Der Größe dieser Aufgabe
erwiesen sich die Protagonisten gewachsen, dar-
unter Lady Gregory, »AE«, Synge und Yeats, Initiator
der Bewegung und neben Synge ihr berühmtestes
Mitglied.

Diese Vier bildeten den innersten Kreis einer
Art Priesterschaft, als wahre Künstler aber ließen
sie die gesetzten Ziele weit hinter sich; aus rein irischem Material schufen sie ein universell gültiges
Werk.

William Butler Yeats (1865–1939) war die Seele
der Bewegung und ihre Verkörperung, aber er war
es auch, der am weitesten darüber hinaus ging. Ja,
seine besten Gedichte entstanden, als die Sache,
für die er fünfzig Jahre gekämpft hatte, erreicht
war und damit ihre einzigartige Bedeutung verloren
hatte.

Yeats hielt sich abwechselnd in London und Irland auf, wo er bis an die gottverlassene Westküste
gelangte, die grünen Hügel im Landesinneren und
die verzauberten Seen im Süden aufsuchte. Die von
Mystizismus und dem Glauben an Übernatürliches
durchtränkte Umgebung Irlands brachte den Dichter dazu, den Volksglauben zu studieren, und seine
erste Veröffentlichung war eine Sammlung von *Fairy
and Folk Tales of the Irish Peasantry*. Es ist schwer
zu entscheiden, ob man an diesen Geschichten die
heitere Verrücktheit der Volksmärchen oder die per-
fekte Form bewundern soll, die Yeats ihnen zu geben
wußte. Yeats schloß sich der Hermetischen Gesellschaft an und vertiefte sich in das Studium des Bud-
dhismus, des Spiritualismus und der Astrologie, was
ihm den Ruf eines Zauberers eintrug. Aber obwohl
er das Interesse an diesen Themen bis zu seinem

Tode nicht verlor und regelmäßig über seinen freundschaftlichen Umgang mit einigen Toten sprach, wußte er seiner Phantasie Zügel anzulegen. Sein poetischer Genius bewegte sich zwischen Glauben und Anverwandlung und bewahrte so sein sybillinisches Wesen, das die eigentliche Faszination ausmacht.

Die lange Liebesbeziehung zu der außergewöhnlich schönen Maude Gonne bildet das Grundmotiv von Yeats Dichtung. In ihr, in der milchweißen Haut, den pechschwarzen Augen und den tizianroten Locken, in ihrer rastlosen Bewegung und ihrem hintergründig heiteren Geist sah er eine Verkörperung Irlands. »A burning cloud« nannte er sie einmal. Und wenn ich an die unzähligen Beschreibungen denke, die er von ihr hinterlassen hat, dann kann ich ihm nicht unrecht geben. In meiner Erinnerung erscheint sie als eines der schönsten Geschöpfe dieser Insel, die berühmt ist für die Schönheit ihrer Hunde, ihrer Frauen und ihrer Pferde, und damit – in der Reihenfolge ihrer Bedeutung – der wichtigsten Gaben, die die Natur den Männern zum Geschenk gemacht hat. Aus Liebe zu Maude und zu dem in ihr verkörperten Irland widmete sich Yeats ganz der Organisation des Dubliner Theaters. Der verführerische Reiz seiner Verse, seine romantischen Themen und der empfindsame Ausdruck seiner Gefühlswelt berührten das englische Publikum nicht weniger als das irische. Man vernahm eine neue »verzauberte« lyrische Stimme voller rauher Zärtlichkeit, was »ihren Seelen noch fehlte«, wie Henry Nevinson sich ausdrückte. Das dreifache Symbol der Rose (als Verkörperung Irlands, als Maude und als menschliche Seele – »Red Rose, proud Rose, sad Rose of all my days«), die tiefen Töne des Liedes von Innisfree, die wilden Liebesgedichte von *Winds among the Reeds* (1899) waren jedem feinfühligen Menschen diesseits und jenseits der Irischen See geläufig. Yeats erschien damals als Dichter, der die Zaubergesänge eines alten Barden mit den modernen Worten eines Rossetti ausdrückte oder in der zeitlosen Sprache eines Blake. Er schrieb viel für das irische Nationaltheater; doch er war kein Dramatiker. Seine Theaterstücke sind schwach aus dem entgegengesetzten Grund, aus dem viele Werke von Shaw schwach sind: sie sind großartige Gedichte, besser zu lesen als darzustellen. So sind *Countess Cathleen, The Land of Heart's Desire, The Shadowy Waters, Cathleen ni Houlihan, The Pot of Broth, The King's Threshold, On Baile's Strand* und *Deirdre* poetische Meisterwerke und mittelmäßige Bühnenwerke.

In jenen Jahren vor dem Bekanntwerden von Hopkins blieb Yeats die überragende dichterische Stimme im englischsprachigen Raum. Seine Musikalität, die Leuchtkraft seiner Bilder und seine Leidenschaft wurden nur von wenigen erreicht. Im Laufe der Jahre wurde seine Dichtung immer besser und stärker: seine letzten Gedichtbände sind sogar die besten. Sie zeigen uns einen nüchternen und ernüchterten Yeats, der trotzdem immer noch die Frauen liebt und Mitleid mit den Menschen hat.

Yeats begann als großer musikalischer Dichter und endete als großer zeichnerischer Dichter. In seinen Versen über den Bürgerkrieg offenbart er sich als tiefbewegtes Gemüt, vielleicht ein wenig erschreckt von den Gewalttaten, denen er selbst von höchsten Sphären aus mit zum Ausbruch verholfen hatte.

Ein Dichter, den man augenscheinlich lesen sollte. Aber auch ein Dichter, das will ich gleich sagen, der nicht leicht zu verstehen ist. Der Grund liegt nicht im Sprachlichen, denn er schreibt ganz klar, sondern darin, daß man ihn nur wirklich verstehen kann, wenn man versteht, was Irland und der geistige Wert der irischen Kultur vom heiligen Kolumban bis heute bedeutet.

Eine weitere bedeutende Gestalt der irischen literarischen Bewegung ist J. M. Synge (1871–1909). Nach seinem Studium in Paris ermutigte Yeats den Fünfundzwanzigjährigen, auf die Aran-Inseln zu gehen, (jene winzigen Eilande im Atlantik, über die Ford einen hochpoetischen Film gemacht hat), um dort ein Leben zu suchen, das noch nie literarischen Ausdruck gefunden hatte. Synge folgte dem Rat und hielt sich lange auf den Aran-Inseln und in den trostlosen, aber magischen westlichen Grafschaften Irlands auf (Wicklow und Kerry). Obwohl ihm nicht mehr viele Jahre seines Lebens bleiben sollten, gewann er aus diesem ursprünglichsten Teil seiner Heimat den Stoff für meisterhafte Gedichte und Übersetzungen von Volksliedern, zwei Reisebücher und sechs Dramen.

Das letzte seiner Dramen, *Deirdre of Sorrows,* gehört zu den am wenigsten gelungenen Stücken von Synge, weil er hier die Welt der irischen Bauern, die er so genau kannte, verließ, und der Faszination der alten Helden erlag, die auch »AE« und Yeats erfaßt hatte. Für Synge aber bildeten diese alten, dunklen Legenden ein Hindernis, sie schränkten seine Phantasie ein und ließen seinen sehr persönlichen, trockenen Humor nicht zur Wirkung kommen. Er vermochte das Leben der einfachen Bauern zum Mythos zu erheben, doch er besaß nicht die Fähigkeit, die Helden wie einfache Bauern sprechen zu lassen. Seine unübertroffene Meisterschaft aber zeigt sich dort, wo er das bäuerliche Leben mit erbarmungslosem Realismus schildert, wo er die Sprache des einfachen Volkes in Verse faßt, ohne sie zu verändern, und wo er im Humor düstere Traurigkeit hervorruft. Mit der blühenden, geistvollen und zarten Phantasie seines Volkes bietet Irland dem empfänglichen Dichter idealen Stoff.

Synge steht für eine entschiedene Reaktion auf den »goody-goodism« der viktorianischen Epoche, der auf gewisse Weise auch zu Beginn des 20. Jahrhunderts noch weiterwirkte. »Man kann beinahe sagen«, schrieb er, »daß die Dichtung, bevor sie wieder menschlich werden kann, lernen muß, brutal zu sein.« Unter Brutalität verstand er nicht »die Brutalität der französischen oder englischen Realisten, die Häßlichkeit, das bloße und einfache Faktum ohne Schönheit, das eben gerade weil es nicht schön ist, auch nicht wahr sein kann, sondern die Treue zur einfachen Wahrheit, die Kenntnis der ›root facts‹, die dunklen Urgründe, die harte Basis der Dinge, die man erst akzeptieren muß, bevor die Phantasie Früchte tragen kann.«

In seinem *Playboy of the Western World* (1907), das vielleicht oder sogar sicher einen der einsamen Höhepunkte des Dramas von der elisabethanischen Zeit bis Eliot darstellt, wurde diese schonungslose Brutalität vom Publikum des Abbey Theatre als zu exzessiv empfunden und stieß auf heftige Proteste. Das Stück handelt von einem dreisten jungen Angeber, der auf dem Lande allgemeine Bewunderung genoß, weil er von sich behauptete, seinen eigenen Vater umgebracht zu haben, dem aber Haß entgegenschlug, als sich herausstellte, daß der Vater gar nicht umgebracht worden war. In dieser Geschichte hat man eine Satire auf das amoralische, schwärmerische Temperament der Iren gesehen. Und in der Tat ist es eine Satire, aber nicht auf den Charakter der Iren, sondern auf ihre Phantasie. Pegeen, die Geliebte des Playboy, drückt das so aus: »There is a great gap between a gallous story and a dirty deed.« Wie dem auch sei, die drei Akte der Komödie leben

vom gedanklichen Schwung und der bewunderns-
werten Sprache, die der Dichter sich geschaffen hat.

1904 war das großartige *Riders to the Sea* erschienen. Im Mittelpunkt steht die Figur der alten Mutter
Myurya, die vier Söhne auf See verloren hat und in
der wahnsinnigen Angst lebt, auch den letzten Sohn
auf die gleiche Weise zu verlieren. Als die Tragödie
aber eintritt, erträgt sie sie mit Fassung und söhnt
sich mit ihrem Schicksal aus. »Bartley will have a
fine coffin out of the white boards, and a deep grave
surely. What more can we want than that? No man at
all can be living for ever, and we must be satisfied.«

In dem trostlosen, gottverlassenen Nest in Kerry
hat Synge eine Schlußszene von der Feierlichkeit
und umfassenden Menschlichkeit der großen griechischen Tragödie angesiedelt.

Gilbert Keith Chesterton

*B*evor ich über Chesterton spreche, erscheint es mir sinnvoll, kurz über den Typus des katholischen Schriftstellers in England im allgemeinen etwas zu sagen.

Zwischen einem katholischen Schriftsteller in Italien und einem in England – oder jedem anderen Land – besteht ein großer Unterschied. Der italienische Schriftsteller, der sich ausdrücklich zu seinem Glauben bekennt, ist immer irgendwie ein »Schwächling«. Der englische (französische, deutsche oder amerikanische) Schriftsteller, der für die katholische Kirche eintritt, ist immer ein »ganzer Kerl«. Das hängt damit zusammen, daß der Katholizismus in England, Deutschland und den Vereinigten Staaten im Vergleich zu den anderen Religionsgemeinschaften in der Minderheit ist, und um sich durchzusetzen und zu halten Entschiedenheit, Aggressivität und Mut erfordert. Auch in Frankreich ist der Katholizismus in der Minderheit, nicht im Verhältnis zu anderen Religionen, sondern angesichts der verschiedensten Schattierungen von Ungläubigkeit. Auch in Frankreich müssen Gläubige und Schriftsteller, die ihre Überzeugungen zur Schau stellen wollen, dieselben Tugenden besitzen. Daher kam es gerade in Frankreich zu einer Blüte der katholischen Literatur, begründet von Maistre und Bonald, von Lamenais über Montalembert, Veuillot, Bloy und Péguy bis hin zu unseren Zeitgenossen Bernanos, Mauriac und Claudel. Alle diese großen Schriftsteller waren kämpferische Naturen, die Sporn und Schwert gut zu gebrauchen wußten. Bei unseren Fogazzaro, Salvadori und Fausto Maria Martini dagegen nimmt man längst nicht mehr den Tempelduft der Räucher-

Gilbert Keith Chesterton

kerzen wahr, sondern den eher dumpfen Geruch der Sakristei. Eine Ausnahme bildet Pater Bresciani, den niemand liest, obwohl er ein bedeutender Mann ist; und unter unseren Zeitgenossen Papini und Giuliotti, deren Verve freilich allzu häufig aufgesetzt wirkt, und die nur ein katholisches Gewand statt einer katholischen Seele zu besitzen scheinen.

Die Italiener sind zu wenig gläubig, um auch nur antikatholisch zu sein, und es wäre zu fragen, gegen wen katholische Denker ihr Schwert führen sollten. Maistre hat sich gegen Voltaire gewandt und Veuillot ist nicht denkbar ohne Renan. Sollten sich die Katholiken bei uns etwa gegen einen Podrecca ins Gefecht stürzen? Das würde sich wahrlich nicht lohnen. Der Kampf gegen Giovanni Gentile konnte nicht stattfinden, denn er war nicht nur antireligiös, sondern auch Faschist. Deshalb bleibt im katholischen intellektuellen Milieu weiterhin diese lauwarme Temperatur bestehen, die das Entstehen von Mikroben begünstigt, nicht aber von Polemikern. (Trotz der Hitze und gegen alle guten Vorsätze bin ich wieder zu weitschweifig geworden.) Denn nicht mit Franzosen oder Italienern müssen wir uns hier beschäftigen, sondern mit Engländern. Bei uns ist der Katholizismus nicht nur der Glaube von siebenundneunzig Prozent der Bevölkerung, sondern hat auch eine Zeit der Vorherrschaft hinter sich, die offensichtlich nicht sehr produktiv war. Deshalb ist der italienische Katholik voller unbewußter Gewissensbisse und scheint sich ständig für seinen Katholizismus entschuldigen zu müssen. In England bekennen sich nur fünf Prozent der Bevölkerung zum Katholizismus, und er hat eine lange Geschichte der Unterdrückung hinter sich. Anfangs wurden die Katholiken blutig verfolgt, später politisch und fiskalisch, immer aber wurden sie schikaniert, und das versetzte sie in die moralisch vorteilhafte Lage des Anklägers. Hinzuzufügen wäre noch, daß der englische Katholizismus durch den Kontakt mit nüchternen Konfessionen fast alle unwürdigen äußeren Erscheinungsformen abgelegt und sich lautlos von den abstrusesten Dogmen verabschiedet hat. Darüber hinaus hatten die Lauen, die Katholiken »aus Gewohnheit«, in den Jahrhunderten der Verfolgung längst die Kirche verlassen, und dies alles macht deutlich, daß in England Katholik zu sein etwas ganz anderes, ja fast das Gegenteil bedeutet wie in Italien. Es gibt nur wenige Kleriker, aber sie sind großartige Persönlichkeiten und tragen unter dem Priestergewand, das dem der Anglikaner sehr ähnlich ist, wahre christliche Tugenden. Und die katholischen Schriftsteller folgen diesen Leitlinien.

Ich werde Ihnen nicht von Kardinal Newman erzählen, weil sein bedeutendes schriftstellerisches Werk zeitlich schon zu weit zurückliegt; auch nicht von Hopkins, denn ihm müßte man ein ganz eigenes Kapitel widmen und seine große Bedeutung liegt ausschließlich im Literarischen. Ich werde nur über Chesterton sprechen.

Chesterton (1874–1936) war ein Dichter von Rang, auch als Essayist, er war ein bedeutender Romancier und Erzähler, in allen literarischen Gattungen aber war er ein überaus mutiger und unermüdlicher Polemiker.

Zur katholischen Kirche konvertierte er offiziell erst wenige Jahre vor seinem Tode. Immer aber kämpfte er für das, was ihm am Herzen lag und für ihn mit dem Katholizismus identisch war: die Achtung der Tradition, die Verteidigung der menschlichen Individualität gegen die Bedrohung durch den Sozialismus, die Verteidigung einer katholisch verstandenen Nächstenliebe, frei von jeder Form heuchlerischer Wohltätigkeit und verstaatlichter

Vorsorge. Gegner zweiten Grades waren für ihn die »Prohibitionisten« und die Kolonialisten.

Die Aufzählung seiner Ziele dürfte genügt haben, um Sie erahnen zu lassen, daß Chesterton seinen Idealgegner in G. B. Shaw fand. Zwischen 1910 und 1930 bekämpften sich diese beiden Superchampions der Polemik im Ring der Presse vor dem begeisterten englischen Publikum, das in seiner sportlichen Art unparteiisch jeden gut ausgeführten Schlag, von welcher Seite auch immer, beklatschte.

Getreu der Tradition waren die Gegner eng befreundet, und wenn einer der beiden einen guten Einfall für einen wirksamen »Auftritt« hatte, den er aber selbst nicht nutzen konnte, teilte er ihn anscheinend telefonisch dem anderen mit, damit der ihn in seinen Artikeln verwendete, und er nicht ungenutzt blieb. Fair play.

Beginnen wir mit den Gedichten. Sie gehören zum Vergnüglichsten überhaupt. Im Versmaß Kiplings oder in dem alter Balladen entfalten sie die heitersten Sprachspiele, die je in Dichtung oder Prosa verfaßt wurden. Es würde zu weit führen, alle seine Verssammlungen aufzuzählen, aber unter den besten seien genannt *The Ballad of the White Horse* (1911) und *Wine, Water and Song* (1915), in der die unübertroffen komischen Verse aus dem Roman *The Flying Inn* enthalten sind. In einer etwas getrageneren Form erreichen *The Ballad of St. Barbara* (1922) und vor allem *Lepanto* in manchen Momenten die Höhe wahrer Dichtung.

Chesterton hat unzählige Romane und Erzählungen geschrieben, die vom künstlerischen Standpunkt nutzlos sind, wenn man von ihrem beachtlichen polemischen Impetus absieht. Zu seinen besten würde ich *Manalive, The Ball and the Cross,* und *The Napoleon of Notting Hill* zählen; zu den schlechtesten das genannte *Flying Inn,* in dem jedoch die extrovertiertesten Verse des Autors enthalten sind. Ob aber gut oder schlecht, alle sind äußerst unterhaltsam, voller Schwung und enthalten Karikaturen erfundener oder wirklicher Personen von diabolischer Bosheit.

Die besten erzählerischen Werke Chestertons bleiben *The Man Who Was Thursday* und die Reihe von Erzählungen über Father Brown. Die erstere ist, wie im übrigen fast alle Erzählungen Chestertons, ein »conte philosophique« Voltaires in mondänem Ambiente und mit geänderter Stoßrichtung, denn hier wird die moderne Wissenschaft und die Philosophie, auf die sie sich stützt, der Lächerlichkeit preisgegeben, weil sie das Böse mit dem Guten gleichsetzt. Zwei unterschiedlichere Stile als die von Chesterton und Voltaire sind kaum denkbar; nüchtern und leicht der eine, dicht und voller Ausdrücke der Umgangssprache der andere. Aber abgesehen von der extremen Bosheit, die sie verbindet, besitzen beide das Geheimnis der blitzschnellen Bewegungen, die den Leser nicht zum Nachdenken kommen lassen, und außerdem die Fähigkeit, abstraktesten philosophischen Überlegungen in lebendigen Personen Gestalt zu geben.

Der durchgehend heitere Grundton, treffende Karikaturen und plötzlich entlarvende Sätze von unerwartetem theologischen Tiefgang machen aus diesem kleinen Roman ein Meisterwerk.

Meisterhaft sind ebenfalls nahezu alle Kriminalgeschichten um Father Brown, ja man könnte sogar sagen, daß nur Father Brown und Sherlock Holmes die Grenze vom Kriminalroman zu wirklicher Literatur überschreiten. Dem Priesterdetektiv geht es bei seiner Aufklärungsarbeit weniger um das Verbrechen als um »die Sünde«, und manchmal entdeckt er beim Opfer mehr Sünde als beim Täter. Chesterton ist es gelungen, die Umgebung von Father Brown in ganz anderer Weise zu schildern als das vorhandene – und das heißt: das nicht vorhandene – Ambiente herkömmlicher Kriminalromane. Außer wenn der unsympathische Flambeau, der reuige Verbrecher, ins Spiel kommt, wird in allen Erzählungen nicht nur ein Krimineller, sondern auch und vor allem eine subtile psychologische Wahrheit entdeckt.

Als gute Italiener, die »ernste« Literatur wünschen, um weiterhin sorglos ein unernstes Leben führen zu können, werden Sie natürlich die Nase rümpfen. Zu Unrecht jedoch, denn die Lektüre von einigen Werken Chestertons würde Ihnen sicherlich sehr gut tun.

Das Hauptwerk Chestertons liegt jedoch gar nicht im Bereich der Dichtung oder Erzählung. Dutzende von Aufsatzsammlungen, mindestens zehn Bände von ... ich weiß nicht, wie man sie nennen könnte, vielleicht »theoretischen Werken«. Unter ihnen behandelt der lange Essay *Orthodoxy*, vielleicht das beste Werk Chestertons überhaupt, die Orthodoxie nicht nur als religiöses Phänomen, sondern auch als Orthodoxie des Lebens, d.h. als das, was wir »Sitte und Anstand« nennen. Das Thema könnte ein bißchen trocken erscheinen, aber wenn Sie das Buch an einer beliebigen Stelle aufschlagen, werden Sie sofort gefesselt bis zum Ende weiterlesen. Sein Denken in Paradoxen erlaubt es dem Autor, die abgeschmacktesten Allerweltsweisheiten mit dem Kopf nach unten zu präsentieren, so daß sie plötzlich neu und unerhört erscheinen. Durch Paradoxien, Scherze und poetische Überhöhungen gewinnt seine Verteidigung der traditionellen Moral, der hergebrachten Lebensweise und der Bescheidenheit der Existenz überzeugende Klarheit: »Versuchen Sie das Überhandnehmen der Maschinen in Schranken zu halten und wenn Sie wirklich eine ruhige Hand haben, rasieren Sie sich mit dem gewöhnlichen Rasiermesser.« Im Grunde hat das alte England auf ihn gehört.

Im Laufe der Jahre nahm der Wert der essayistischen Produktion Chestertons erheblich ab. *Heretics* reicht beispielsweise nicht an *Orthodoxy* heran. Seine Biographie des heiligen Franziskus, soweit man von einem ungestümen Geist wie dem seinen überhaupt eine Biographie erwarten kann, und seine Reiseberichte aus den Vereinigten Staaten sind einfach schlecht, und das gleiche gilt für seine letzten Erzählungen *The Club of Queer, Trades, The Return of Don Quixote, The Man Who Knew Too Much.* Auch bei den zahlreichen Aufsatzsammlungen ist es dasselbe Lied, die frühen Essays sind brillant, die späteren nicht einmal mittelmäßig, denn sie leiden an dem bereits genannten Defekt, einer überbordenden und ermüdenden Ansammlung von geistreichen Sprüchen.

Als Ganzes aber bleibt das Werk Chestertons überaus interessant, unterhaltsam und anregend. Und die Kenntnis wenigstens seiner vier oder fünf wichtigsten Bücher ist unerläßlich für denjenigen, der sich nicht weismachen lassen will, daß Positivismus, Materialismus und die scharfsinnige aber trockene Denkungsart Shaws sich ungehindert in England durchsetzen konnten. Beinahe hätte ich Chestertons Dickens-Biographie vergessen, die zu seinen gelungensten Werken zählt und die Renaissance des großen Romanciers einleitete. Chesterton schrieb auch bemerkenswerte Einführungen zu allen Romanen von Dickens, die in der »Everyman's Library«, der großen Sammlung englischer Klassiker, erschienen sind.

George Bernard Shaw

*D*ie Engländer gelten zu Recht als wortkarges Volk. Dennoch haben die britischen Inseln in diesem Jahrhundert vier der größten und unermüdlichsten Plauderer hervorgebracht, die je existierten: Chesterton, Wells, Huxley, allen voran aber Shaw. Mit Plaudern meine ich nicht nur die nicht enden wollende Redseligkeit im Freundeskreis, denn diese Autoren fühlten sich vielmehr gedrängt, auch noch gar nicht geführte Gespräche auf tausenden von Seiten zu Papier zu bringen. Ihrer perfekten Konversation in Salons und Büchern verdankten sie eine immense Popularität, denn sie mußten diesem wortkargen Volk wie Magier erscheinen, zumal ihr Geplauder niveauvoll, kenntnisreich und mit echtem Humor gewürzt war. Und dennoch war es gerade der viele »Tratsch«, der diese vier Herren daran hinderte, wirklich zur Literatur zu gelangen, die unter dem vielen Beiwerk schier erdrückt wurde. Jetzt, wo drei von den vieren tot sind, nimmt ihr Ruhm merklich ab. »Ein Jegliches hat seine Zeit, Reden und Schweigen.« Dieser Ausdruck salomonischer Weisheit blieb ihnen auf Erden vollkommen unverständlich, und wir können nur hoffen, daß sie in den elysischen Gefilden Zeit zum Schweigen gefunden haben. Wir hoffen dies für ihre Umgebung, denn für die drei selbst ist schweigen zu müssen wohl gleichbedeutend mit der Hölle.

Shaw (1856–1950) war Ire von reinstem Geblüt. Die Authentizität seiner Herkunft wird am deutlichsten an seinen beiden Eltern, die den faszinierenden Charakter dieses Volkes großer Unterhalter gleichsam verkörpern: Sein Vater war Trinker und immer knapp bei Kasse, seine Mutter Musikerin und Träumerin, beide Plauderer von Geist und Witz.

George Bernard Shaw, Selbstportrait

Als Zwanzigjähriger ging Shaw nach London, um sein Glück zu machen, und verdiente in neun Jahren ganze sechs Pfund Sterling, was auch damals nicht gerade viel war. In Wirklichkeit aber hatte er sein Glück gefunden, denn er war Mitglied einer Unzahl von Vereinigungen geworden, zum Beispiel für die Emanzipation der Frau, für die Bekehrung der Hottentotten oder für den Tierschutz. Shaw war sogar der Gesellschaft der »Zetetical« beigetreten, die sich zum Ziel gesetzt hatte, alle nur denkbaren sozialen Reformen bis zum Buchstaben »z« durchzusetzen. In dieser Umgebung fand Shaw nahezu unbegrenzte Möglichkeiten zum Reden, was er selbst in einem kleinen, ein Jahr vor seinem Tod erschienenen Memoirenband betont: »I haunted all the meetings in

London where debates followed lectures. I spoke in the streets, in the parks, at demonstrations, anywhere and everywhere possible.« Aber er sprach nicht nur, er las auch viel, er verschlang tausende von Büchern im British Museum, das ihm immer neues Material für neue Reden lieferte. Mit der gewohnten Bescheidenheit sagt er von sich: »Ich nährte mich von Papier und verwandelte es in Feuer«; ich würde vielleicht eher von einem Feuerwerk sprechen.

Im Jahre 1884 lernte Shaw Sidney Webb kennen, den faszinierenden Gründer der »Fabian Society«, aus der die Labour Party hervorgegangen ist. Shaw wurde sofort ein feuriger, aber keineswegs standhafter Sozialist, studierte ökonomische Fragen im allgemeinen und im besonderen Karl Marx. Da eröffneten sich ihm endlose Meere, um sie mit Worten zu durchsegeln! Mit seinem unleugbaren Talent gewann Shaw die Zuneigung von Sidney Webb, aber, wie er selbst sagt, »as I was and am an incorrigible histrionic mountebank, and Webb was the simplest of geniuses, I was often in the centre of stage, whilst he was invisible in the prompter's box.« Ganze Gebirge von Worten sind zu erahnen, höher als der Himalaya.

Ganz andere, wesentlich heftigere Einflüsse als die der Plattitüden Sidney Webbs nahm Shaw in der stillen Runde der British Library in sich auf. Insbesondere Samuel Butler erschien ihm als der größte Geist des Jahrhunderts. Er fühlte sich vor allem von dessen Aversionen gegen den Darwinismus angezogen, die jede Vorstellung einer »Zielsetzung« im Universum ablehnte. Shaw gefiel auch der Kreuzzug Butlers gegen die moralischen Konventionen und gegen die Familie, und er übernahm die Butlersche Vorstellung der »Lebenskraft«, die sich später für ihn mit dem »élan vital« Bergsons traf.

Nach Butler mußte Shaw unausweichlich auf Nietzsche treffen. Und ich hoffe, Sie werden es tolerieren, wenn ich jetzt vom Einfluß dieses Ihres speziellen (und Ihnen im übrigen vollkommen unbekannten) Feindes auf Shaw spreche.

Anfangs war er vor allem von dem destruktiven Aspekt im Denken Nietzsches fasziniert. Er hatte bereits Angriffe gegen den Konformismus und die Heuchelei des Christentums gelesen, aber bei Nietzsche fand er zum ersten Mal einen Angriff auf die Wurzeln der Religion und auf die christliche Moral selbst, die Nietzsche als die von den Schwachen den Starken aufgezwungene Sklavenmoral interpretiert. Am konstruktiven Denken Nietzsches begeisterte sich Shaw besonders für die Vorstellung des Übermenschen, den er als die Darstellung des intellektuell Starken und – in typisch englischer Abwandlung – als die des »gut Informierten« verstand. Der Übermensch weiß, was er will, und sagt niemals »nein« zu dem, was ihm das Leben zu bieten hat.

Diese und andere Vorstellungen Nietzsches blieben Shaw, wie er selbst erklärt, stets gewärtig, und sie tauchen immer wieder in seinen Werken auf.

Von Nietzsche ist der Weg zu Wagner und Ibsen nicht weit. An Wagners *Ring* hob Shaw in seiner kleinen Schrift *The Perfect Wagnerite* die »sozialistoiden« (eher sollte man wohl sagen »national-sozialistischen«) Tendenzen hervor. Wie jeder anständige Mensch lehnte er jedoch Wagners spätere Revision dieser Vorstellungen ab.

Mit Shaws Verhältnis zu Ibsen müßte man sich länger auseinandersetzen. Weil ich aber weiß, daß Ihre freundliche Aufmerksamkeit Grenzen hat, versuche ich mich kurz zu fassen. Natürlich stammt der zentrale Gedanke Ibsens von Nietzsche: Sein »sei du selbst« ist dem »das Leben bejahen« von Zarathustra gleichzusetzen. Während sich aber Nietzsche in den Höhen philosophischer Spekulation bewegte, zeigte Ibsen auf der Bühne vor allem die Tristesse und Lächerlichkeit der Kleinbürger, die nicht sie selbst sein wollen. Es war in erster Linie diese szenische Darstellung des Elends des konformistischen Lebens, die Shaw dazu brachte, Dramatiker zu werden (oder zu versuchen, es zu werden). Er hatte schon einige Romane geschrieben, deren künstlerischer und ökonomischer Erfolg gleich Null geblieben war, und dem Theater hatte er sich als Kritiker genähert. Nun wollte er seine Vorstellungen, oder besser die Ideen Nietzsches und Ibsens, selbst auf die Bühne bringen, er wollte das zeitgenössische englische Theater, das unter dem Einfluß von Dumas dem Jüngeren und von Sardou stand, vernichten. Den Kopf voller Programme setzte er sich an den Schreibtisch. Und siehe da! Er entdeckte, wie gut man durch das Medium der Schauspieler reden konnte, wie man schreibend und redend das Schauspiel diskutieren konnte, welch unvergleichliche Einleitungen man schreiben konnte, wenn die Stücke in Buchform erschienen. Es ließ sich ein Sturm von Worten entfachen, der vom einen Ende der Welt bis zum anderen fegte und Millionen von Menschen gleichzeitig erfaßte. Ideen und Worte, aber keine Gefühle und keine Poesie, vorläufig jedenfalls.

Shaw gab mit seiner Tätigkeit als Theaterkritiker gleichzeitig die als Musikkritiker auf; er hatte unter dem Pseudonym »Bassetthorn« in verschiedenen Musikzeitschriften geschrieben. Seine erste, im Jahr 1892 uraufgeführte Komödie *Widowers' Houses* wurde mit mäßiger Begeisterung aufgenommen, und die danach geschriebenen Werke *The Philanderer* und *Mrs. Warren's Profession* kamen zunächst nicht zur Aufführung. Seine ersten großen Erfolge erzielte

Shaw 1894 mit *Arms and the Man.* Es war ein künstlerischer Erfolg, aber auch ein Erfolg als Skandal. Die Komödie ist vortrefflich, sie besitzt brillante Szenen, ein ungewöhnliches Thema und sprühenden Witz. Um aber zu verstehen, was damals Skandal erregte, muß man sich in die Zeit versetzen. Denn die Behauptung, daß ein guter Hoteldirektor auch ein guter Feldherr sein kann, scheint uns heute ganz selbstverständlich, da wir alle am eigenen Leib erfahren haben, von welch ausschlaggebender Bedeutung die Logistik im Kriege ist.

Damals erschien eine solche These als ein Sakrileg, nicht nur als Verleumdung des Heeres (das in England außer zu Vorzeigezwecken niemals Ansehen genoß), sondern weil man sie als Angriff auf den gesunden Menschenverstand schlechthin verstand. Der Prophet wurde sogar als Verrückter hingestellt.

Shaw erntete aber nicht nur wegen seiner Anschauungen Kritik, man nahm ihn auch als Dramatiker nicht ernst. Eine ganze Reihe von Jahren lehnten die Theater seine Stücke ab, so daß man sich für eine chronologische Betrachtung an das Erscheinungsdatum seiner Werke und nicht an die Uraufführung halten muß.

Im Jahr 1898 (Shaw war bereits 42 Jahre alt) erschien die erste Ausgabe seiner Theaterstücke unter dem Titel *Plays Pleasant and Unpleasant.* Zu letzteren gehörte *Widowers' Houses, Mrs. Warren's Profession* und die *Philanderer,* zu den *Pleasant Plays* dagegen *Arms and the Man, Candida, The Man of Destiny* und *You Never Can Tell.*

Von den 1901 erschienenen *Three Plays for Puritans* halte ich *Caesar and Cleopatra* für eine der besten Komödien Shaws, auf die ich an späterer Stelle zurückkommen werde. *The Devil's Disciple* ist in der Zeit des amerikanischen Unabhängigkeitskrieges angesiedelt und zeigt Shaws durchdringenden Geist; aber die außerordentlich wirkungsvolle dramatische Gestaltung des Stoffes ist durch die Farce der Hinrichtungsszene ruiniert, eine Schwäche Shaws, die immer mehr überhand nehmen sollte. Das dritte der Stücke, *Captain Brassbound's Conversion*, wirkt trotz seines dramatisch wirkungsvollen Aufbaus irgendwie unbeholfen und ist wenig wert.

Das 1903 erschienene *Man and Superman* trägt den drohenden Untertitel »Eine Komödie und eine Philosophie« und ist das erste Werk Shaws, das durch einen überlangen Anhang belastet ist. Er trägt den Titel *The Revolutionist's Handbook*, sprüht von Witz und Ideen, steht als bloßes Ventil für Shaws Redseligkeit jedoch in keinerlei Zusammenhang mit dem Stück. *Man and Superman* genießt großen Ruhm, weil ein naives Publikum die Theorie, sexuelle Verführung sei vornehmlich weiblich, für originell hielt. In Wirklichkeit ist sie so alt wie die Welt und hat ihre künstlerisch und religiös anbetungswürdigste Verkörperung in der Gestalt der biblischen Eva gefunden. Wie dem auch sei, ist das Stück allzu überladen mit langatmigen Disputen, die der dramatischen Handlung fremdbleiben müßten, sofern diese vorhanden wäre. Das Intermezzo, in dem die Figuren von Da Ponte sich in der Hölle treffen, ist von umwerfender Komik, aber reicht dies allein, um aus dem Ganzen ein wirklich gutes Stück zu machen?

Die folgende, 1907 erschienene Sammlung von Theaterstücken enthält mit *John Bull's Other Island* und *Major Barbara* zwei der besten Werke Shaws. Auch sie werden zwar schier erdrückt von umfangreichen erläuternden Einleitungen, bleiben aber dennoch lebendig und unterhaltsam und sind nicht überfrachtet mit Aphorismen. Das erste von beiden ist, wie Sie wissen, eine bitterböse Satire auf die englische Verwaltung in Irland und war für das irische Theater in Dublin gedacht, das für seine antienglischen und revolutionären Tendenzen bekannt war. Ausgerechnet der Intendant dieses Theaters wagte es jedoch nicht, das Stück anzunehmen, aus Angst, die Regierung zu beleidigen. Statt dessen wurde es in London uraufgeführt, mit triumphalem Erfolg, was wieder einmal den britischen Sinn für Humor beweist.

Major Barbara nimmt auf äußerst lebendige, aber auch bewegende Weise die Heilsarmee aufs Korn. Keines der beiden genannten Stücke ist je in Italien aufgeführt worden, und das nicht einmal zu Unrecht. Sie sind dermaßen mit Anspielungen auf ausschließlich englische gesellschaftliche Verhältnisse gespickt, und überhaupt so typisch englisch in ihrer Thematik, daß sie gänzlich unverständlich wirken müßten, und das wäre schade, denn sie sind wirklich ausgezeichnet.

Diese Stücke zeigen uns Shaw auf der Höhe seiner Begabung als Dramatiker. Nicht papierene, sondern lebendige Dialoge entwickeln sich aus wirklich dramaturgischen Einfällen und lassen den scharfsinnigen Geist des Autors, sein noch ungetrübtes Gespür für Ethik und Poetik erkennen. Nach dem Erscheinen dieser Komödien haben wir jedoch – von einer Ausnahme abgesehen – unter dem Gesichtspunkt des literarischen Wertes nur noch Mißerfolge zu registrieren.

Einzig der 1916 erschienene *Pygmalion* unterbricht mit seiner Komik den künstlerischen Abstieg des Autors. Das Stück, dem ein ganzes Traktat über Phonetik vorausgeht, zeigt Shaws nie erlahmtes Interesse für Fragen der Aussprache, wobei nicht zuletzt er selbst ein Musterbeispiel für absolut reines Englisch bot. Obwohl es eigentlich geradezu unmöglich erscheint, ist es ihm in diesem Stück gelungen, die Probleme des akzentfreien Sprechens in eine dramatische Handlung umzusetzen.

Im Jahr 1923 kam mit *Saint Joan* eines der besten, aber auch das letzte Stück Shaws zur Aufführung, das der Beachtung wert wäre.

Trotz der Vielzahl seiner wertlosen Werke ist die ungeheure Bedeutung Shaws für das englische Theater und die englische Literatur im allgemeinen nicht zu bestreiten. Seine »weltanschaulichen« Theaterstücke trugen viel dazu bei, viele Intellektuelle wieder dem Theater näherzubringen, die sich im 19. Jahrhundert wegen seiner Schwülstigkeit von ihm abgewandt hatten. Das englische Theater bekam durch Shaw wieder den internationalen Glanz, den es seit Jahrhunderten verloren hatte. Trotzdem machen Erfolg und Nachwirkung aus Shaw noch keinen wirklichen Theaterdichter. Er war begabt mit einer großen intellektuellen Fähigkeit, nach neuen Ideen zu suchen, sie sich anzueignen und sie faßbar zu machen. Was ihm dagegen fehlte, war eine vergleichbare Sensibilität für die Darstellung von Gefühlen. Ohne die aber läßt sich keine echte Bühnenwirkung erzielen. Im gesamten dramatischen Werk Shaws kommt eigentlich nur eine einzige Person vor, nämlich George Bernard Shaw, eine Figur voller Scharfsinn, Verständnis und manchmal auch Tiefsinn, die sich in verschiedensten Verkleidungen zeigt, die sich aber doch immer gleich bleibt.

Aufgrund dieser eigentümlichen »sécheresse« gelingen Shaw am besten historische Personen oder die, die nicht in einer genau bestimmten Epoche angesiedelt sind. Für einen wirklichen Dichter hätte dies ein Hindernis bedeutet, nicht aber für Shaw, der auf diese Weise in Cäsar, Cleopatra und der heiligen Johanna bereits von Geschichtsschreibung oder

Überlieferung vorgegebene Persönlichkeiten fand. Er brauchte nicht in seinem eigenen brillanten, aber trockenen Wesen nach Gefühlen zu suchen, sondern es genügte, wenn er diese Personen mit seiner sprühenden Dialektik einkleidete. Manchmal gelang ihm dies allzu gut, wie etwa in der »Heiligen Johanna«, wo ihn sein argumentativer Genius übermannte. Er läßt Warwick, den Inquisitor und den Bischof so subtil und voller Paradoxe argumentieren, daß sie manchmal gegen die einfache, ganz vom Gefühl geleitete Johanna recht zu behalten scheinen, was vom Autor sicher keineswegs gewollt war.

Als überzeugter Anhänger einer Gehaltsästhetik war er häufig blind für das eigentlich Dichterische. Er hielt zum Beispiel das Werk Ibsens dem Shakespeares weit überlegen, weil »die moralische Haltung bei Ibsen immer wirklich individuell und originär ist, während man diejenige Shakespeares in jedem Trödelladen antreffen kann.«

Trotz seiner bemerkenswerten dichterischen Fähigkeiten – sofern seine weltanschaulichen Überzeugungen sie zuließen – war Shaw sich nicht im klaren darüber, daß nur die dichterische Haltung den Werken Shakespeares und Ibsens wie auch seinen eigenen Unsterblichkeit verlieh. Wie mittelmäßige dichterische Begabungen, hinderte auch ihn seine Eitelkeit daran zu verstehen, daß seine weltanschaulichen Ideen völlig wertlos waren, daß sie doch immer nur vereinfachte Reproduktionen des Denkens langweiliger, aber weit höherstehender Theoretiker blieben. Nur in der Verbindung mit dem Ganzen aus Klängen und Bildern, die die Kunst ausmacht, erhalten die Vorstellungen der Künstler einen höheren Rang als die mancher Denker, die eben keine Künstler waren. Als Denker hat Valéry kein Gewicht gegenüber Bergson, und Eliot gegenüber Husserl, genau so wie Shaw

letztlich nur die Ideen von Marx und Nietzsche auf-
gewärmt hat. Erst die Verwandlung dieser Ideen
aus zweiter Hand in Gefühle aus erster Hand macht
den Dichter zum Dichter, und dem Dramatiker
muß es darüber hinaus gelingen, uns diese Gefühle
durch das Medium seiner Personen erfahrbar zu machen. Die universellen Ideen lassen sich manchmal
schlecht, manchmal aber vollständig in Fleisch und

George Bernard Shaw

Blut verwandeln, und dann haben wir ein wirkliches Meisterwerk vor uns. Nach Shaws Meinung dagegen war ein Theaterstück, das eine erhabene These vertrat, schon an sich gut; dem ist aber leider nicht so. Und deshalb hat er es drei Mal um Haaresbreite verfehlt, ein echtes Meisterwerk zu schaffen.

Außerdem kommt noch eine zusätzliche Schwierigkeit hinzu: Seine weltanschaulichen Vorstellungen, waren samt und sonders gesellschaftliche Entwürfe und damit ihrer Natur nach zum Tode verurteilt; entweder weil sie in die Wirklichkeit umgesetzt wurden oder weil sie sich als falsch erweisen und damit der Lächerlichkeit preisgegeben werden sollten. Keines der fundamentalen, ewig unveränderlichen Probleme des Menschen, sei er Sklave, Bürger oder Sozialist, hat Shaw je berührt. Heute hört man ihm zu, weil er amüsant ist. In fünfzig Jahren aber, wenn alle Frauen Hosen tragen, wenn es keine habgierigen Hausbesitzer mehr gibt und das ganze Gesundheitswesen verstaatlicht ist, was bleibt dann von ihm?

Shaw hat sich an der Dichtung versündigt: er hat seine großen Fähigkeiten auf dem Altar der Weltanschauung anderer geopfert.

H. G. Wells

Als ich in meiner höchst unbescheidenen Einleitung von der Unmöglichkeit sprach, ein sicheres Urteil über den Nachruhm einiger dieser Schriftsteller zu fällen, dachte ich vor allem an Wells und Bennett. Die anderen werden alle mehr oder weniger überdauern, auch deshalb, weil ich so vorsichtig war, die weniger bedeutenden wegzulassen, obwohl mir einige von ihnen nach wie vor gefallen. Der Ruhm von Wells und Bennett war aber zu ihren Lebzeiten so groß, daß man die tatsächliche Entwicklung der englischen Literatur gänzlich verfälschte, würde man sie übergehen. Sie müssen deshalb hier das Risiko eingehen, dem Publikum als unsterblich vorgestellt zu werden; danach aber gilt: »Dieu reconnaîtra les siens«.

Bei H. G. Wells (1866–1946) wäre man versucht, ihn für ein Double von Shaw zu halten. Das wäre freilich irreführend, obwohl sie ihre unersättliche Redseligkeit (und da bin ich der rechte Moralprediger!), ihre Unfähigkeit, literarischen Geschöpfen Leben einzuhauchen, und ihre Zugehörigkeit zu den Parteien der Linken verbindet. Aber auch in diesen Ähnlichkeiten bestehen Unterschiede, so ist die Redseligkeit von Wells weniger aufdringlich als die von Shaw, weil sie sich über die Länge eines Romans erstreckt und nicht eine dramatische Handlung behindert, sie bleibt indirekt und wird nicht Wort für Wort von Schauspielern vorgetragen. Wells Unfähigkeit zur Schaffung wahrer Charaktere macht sich erst in den großen Werken seiner Spätzeit bemerkbar, denn in den kürzeren Jugendwerken war er durchaus in der Lage, wenigstens lebendige Skizzen zu entwerfen. In seinen politischen Vorstellungen ist Shaw freilich

Wells entschieden überlegen. Die Zukunftsgesellschaft, die Shaw vorschwebt, behält doch immer noch etwas von dem bizarren Geist ihres Vorkämpfers, während die von Wells ersehnte nichts anderes wäre als ein materialistischer Pfuhl, bequem und erdrückend, die ideale Gesellschaft des »petit sentier«, die außer zur (billigen) Befriedigung ehrenhafter Bedürfnisse keinen Anreiz bietet.

Aus kleinbürgerlichen Verhältnissen stammend erhielt Wells eine mittelmäßige Ausbildung, die ihm nur zu einer Anstellung als Stoffverkäufer verhalf. Aus dieser Zeit seines Lebens hat er überaus lebendige Schilderungen in seinen Werken hinterlassen. Um dieser armseligen Existenz zu entfliehen, besuchte er in London ein Lehrerseminar, wurde Volksschullehrer und beschäftigte sich weiterhin mit seinen bevorzugten Wissensgebieten, der Geologie und Biologie, die sich in seinen Büchern vielfältig niederschlagen sollten. Er besaß große Lebenserfahrung im Umgang mit Männern, Frauen und Dingen, aus der er sich dann seine allgemeinen Vorstellungen über die Menschheit zusammenzimmerte.

In diesem Punkt besteht ein grundlegender Unterschied zu Shaw, der dem Leben mit einem ganzen Arsenal theoretischer Waffen gerüstet gegenübertrat, in das er seine praktischen Erfahrungen nach und nach mit Gewalt einpaßte.

Durch eine Reihe von außerordentlich interessanten Novellen *(The Country of the Blind)* wurde Wells schnell bekannt. Unter ihnen ist vor allem *The Door in the Wall* ein Musterbeispiel jener philosophischen Fabeln, die die Engländer so sehr lieben. Noch in seiner Jugend veröffentlichte er eine Reihe von phantastischen Romanen, die ihm auch in Italien einen gewissen Ruhm eingetragen haben. *The Time Machine, The Island of Dr. Moreau, The Invisible Man* und *The War of the Worlds* könnten auf den ersten Blick als Romane von Jules Verne erscheinen. Dabei sind sie von ganz anderem Kaliber, denn Wells entdeckte etwas, woran Verne nie gedacht hatte. Er ging den gesellschaftlichen Konsequenzen der Probleme von Zeit, Raum und Entwicklung nach. Der Erfinder der *Time Machine* (1895) erkennt die Zeit als vierte Dimension des Raumes und reist in Vergangenheit und Zukunft. Die Reise in die Zukunft enthält eine Kritik an unserer Zeit und drückt die Vorstellung aus,

H. G. Wells

daß Mensch und Gesellschaft beständigem Wandel unterworfen sind. In *The Island of Dr. Moreau* geht es um die Tatsache, daß Evolution manchmal nicht mit Fortschritt gleichzusetzen ist. All diese Romane lesen sich angenehm, und *The Invisible Man,* der beste unter ihnen, erinnert mit seiner moralischen Melancholie sogar an den »conte philosophique« Voltairescher Prägung. Ähnlich wie bei Shaw und Chesterton kommt bei Wells in diesen Jahren die kraftvolle englische Fabulierkunst zum Ausdruck, die wissenschaftliche Forschung und philosophische Lehre unmittelbar in – keineswegs schwerverdauliche – Erzählung zu verwandeln weiß.

Zu Beginn des 20. Jahrhunderts hatte Wells seine intellektuelle Reife erreicht. Von diesem Zeitpunkt an und für die folgenden dreißig Jahre entwickelte sich seine schriftstellerische Tätigkeit zweigleisig. Auf dem einen Gleis ließ er Jahr für Jahr wie Güterwagen lange Traktate rollen, in denen er belehrte und prophezeite, Pläne für die Stadt der Zukunft entwarf und trotz der durchaus lebendigen Darstellung meiner Meinung nach ziemlich unerträglich wirkte. Auf dieses Gleis gehören Werke wie *Anticipations* (1901), *Mankind in the Making* (1903) und *A Modern Utopia,* worin er die Grundlinien der zukünftigen Welt zeichnet. Dieses *Utopia* unterscheidet sich von all den anderen, die von Platon bis Bacon entworfen wurden. Während all diese Herren (wie auch der Kommunismus) davon ausgehen, daß die Gesellschaft, hat sie einmal eine bestimmte Form erreicht, sich nicht mehr weiter entwickeln wird, sieht Wells dagegen auch die Gesellschaft seiner Utopie nur als eine Phase, als Glied einer unendlichen Kette. Interessant erscheint auch seine an den unverwüstlichen Rousseau erinnernde Aufforderung zur Bildung einer neuen Aristokratie aus Wissenschaftlern und »wertvollen Männern«, die auf die Masse, die als solche immer mehr als nur der Führung bedarf, großen Einfluß ausüben können. Diese Theorie der Aristokratie der Talente wird von Wells mit Nachdruck in seinen halb-theoretischen Werken der dreißiger Jahre vorgetragen. Dazu gehören *The World of William Clissold, The Open Conspiracy, The Work, Wealth and Happiness of Mankind.* Manchmal nehmen diese Texte vage die Form von Romanen an, so in dem erwähnten *Clissold* und in *When the Sleeper Wakes,* aber das kann nie wirklich darüber hinwegtäuschen, daß es sich nur um einen Schwall von Worten handelt, der nicht einmal so brillant ist wie bei Shaw oder Chesterton.

Auch wenn man diese Art von Literatur abstoßend finden mag, darf man jedoch nicht ihren ungeheuren Einfluß auf den Wandel der öffentlichen Meinung Englands verkennen.

Auf dem anderen Gleis ließ Wells mit großem literarischen Erfolg seine Triebwagen rollen. Wenn bisher von seinen langweiligen (und letztlich hohlen) doktrinären Büchern die Rede war, werde ich jetzt über die Jahre seiner besten schriftstellerischen Produktion sprechen. *Kipps* (1905), *Tono-Bungay* (1908), *A Knight on Wheels* (1909), *Marriage* (1912), *The History of Mr. Polly* (1910) sind herrlich leichtfüßige Romane, beflügelt von einer spielerischen Phantasie und gestärkt von guter Beobachtungsgabe. Es fehlt nicht der Blick auf ernste soziale Probleme, die jedoch mit leichter Hand angegangen werden. Wells sah sich offensichtlich nicht wie Shaw gedrängt, auch in der belletristischen Produktion seine gesellschaftspolitischen Vorstellungen zu propagieren, denn er hatte da das Ventil der reinen Prophezeiung.

Ich kann die Lektüre aller oder wenigstens eines Teils dieser Romane gar nicht genug empfehlen, denn sie sind voller Leben, Geist und Wissen, und geben eine bissige Darstellung des Alltags der unteren Mittelklasse in England.

Gegen 1910 kam auch Wells auf den Gedanken, wie Shaw seine gesellschaftspolitischen Vorstellungen in seine literarische Produktion einfließen zu lassen. Das Ergebnis war natürlich verheerend. Glücklicherweise vollzog sich der Prozeß der Selbstentweihung nur schrittweise, so daß man die ersten Romane dieser neuen Phase noch mit einigem Vergnügen lesen kann. (*Ann Veronica* und *The New Machiavelli*). In den folgenden aber gewinnt das Programm allmählich die Oberhand über die dichterische Phantasie, und die Bücher werden immer unlesbarer. Ich nenne nur noch *The Research Magnificent* (1915) und *Mr. Britling Sees It Through* (1916) und über den Rest werde ich schweigen.

Gegen Ende seines Lebens schrieb Wells eine *Outline of History*, deren außerordentliche Popularität sich mehr aus der Intention des Autors als vom Ergebnis her erklären läßt. Wells hatte sich nämlich zum Ziel gesetzt, die Grenzen der nationalen Geschichtsschreibung zu überschreiten und eine Universalgeschichte zu verfassen.

Auch danach schrieb Wells noch viel, aber nichts, was der Erinnerung wert wäre. Sein Stern stieg in England immer höher, aber es war der Stern seiner bürgerlich-sozialistischen Ideen und nicht der seines Ruhms als Schriftsteller.

Meiner Ansicht nach wird Wells in der Literatur vor allem deshalb nicht überleben, weil er keinen Stil besitzt. Seine Schreibweise ist platt, banal, ohne Glanz und Klang, sie unterscheidet sich stilistisch in nichts von der einer beliebigen Person mittlerer Bildung. Dieses Fehlen der notwendigen Würze, die der Verwesung durch die Zeit widersteht, wird früher oder später bewirken, daß auch Wells unleugbare Begabung für Humor, Toleranz, Herzensgüte und gelegentlich auch Tiefgang vergessen sein wird.

Dieses Urteil betrifft nur Wells als Schriftsteller. Als Ideenverkünder wird er sicher noch lange überleben. Um den Wandel der öffentlichen Meinung in England zu verstehen, muß man den Wells kennen, der eine um so größere Wirkung erzielte, je weniger er wirklicher Schriftsteller war. Im Geltungsbereich des allgemeinen Wahlrechts muß sich der Propagandist auf das Niveau der überwiegenden Mehrheit seiner Leser begeben, und dieses Niveau ist literarisch gesehen immer noch recht niedrig. Früher mußten Milton, Gibbon und Macauly die Meinung von nur wenigen tausend Personen beeinflussen, und wenn sie nicht gut geschrieben hätten, wären sie gänzlich wirkungslos geblieben. Heute muß man, um die Bergarbeiter von Newcastle und die Hafenarbeiter von Hull auf seine Seite zu ziehen, deren Sprache sprechen, und die ist nicht gerade schön. Es müssen noch Jahrhunderte vergehen, bis auch deren Bildung sie für höhere Ideen und gute Formulierungen empfänglich macht. Dann wird Virginia Woolf einer Berthe Ruck vorgezogen werden, und Cobbett einem Wells.

Um mein vermutlich völlig irriges Urteil zusammenzufassen, behaupte ich, daß von Wells als Schriftsteller vor allem die Erinnerung an seinen großen öffentlichen Einfluß bleiben wird. Jenseits dieser propagandistischen Schriften bleiben vielleicht einige seiner Erzählungen und phantastischen Romane, und einige der kleinen realistischen Romane.

Das ist schon etwas, allerdings wenig im Vergleich zu dem weit verbreiteten Ruf, den er zu Lebzeiten genoß.

Joseph Conrad

Joseph Conrad

*D*er italienische Leser ist nur schwer zufrieden-
zustellen. Wenn ein Schriftsteller korrekt, ernst,
gewählt und tiefschürfend schreibt wie in der Epoche,
mit der wir uns beschäftigen, Henry James und Virginia Woolf, wird ihm nach wenigen Seiten das Eti-
kett »Langweiler« angeheftet. Ist er aber leicht zu
lesen, sucht Spannung zu erzeugen, schreibt gar
Abenteuer- und Seefahrergeschichten, dann ruft der
italienische Leser sofort aus: »Salgari, Jules Verne!
De Amicis!« und klappt das Buch zu, auch wenn es
sich bei dem Autor um Stevenson, Chesterton, Wells
oder Conrad handelt. In Wirklichkeit mag der Italiener überhaupt nicht lesen. Und weil dem so ist, gibt
es auch für die Schriftsteller wenig Grund zu schreiben, so daß sie sich, um nicht unnötig Papier zu ver-
schwenden, auf vertraute Motive beschränken. Bei
uns beschäftigen sich nur schlechte Schriftsteller,
solche ohne Tiefe, mit Abenteuern. Der beste Beweis
dafür ist Ariost, und er beweist zugleich die unübertroffene Provinzialität der Italiener.

Eine Dame, die wir alle kennen, kehrte mit mir
nach einem Aufenthalt von nur *zwei* Tagen im Wagen
nach Palermo zurück. An der Porta Felice bekreu-
zigte sie sich und dankte dem Herrn für die glück-
liche Rückkehr in ihre Heimatstadt mit den Worten:
»Oh mein Palermo, angebetetes Land.« Wie sollte
sich eben diese Dame für einen Joseph Conrad interessieren, der zwanzig Jahre seines Lebens auf dem
Pazifischen Ozean umherirrte, oder für einen Kipling, der die Hälfte des Jahres in London, die andere
Hälfte in Indien verbrachte? Für die Dame sind solche Menschen nur arme Irre.

Außerdem ist die Erfahrung der Italiener mit Berichten aus exotischen Ländern nicht gerade ermutigend zu nennen. Bei uns gibt es Journalisten, die für etwa zehn Tage zum Beispiel nach Chile geschickt werden und dann zehn Monate lang täglich Berichte liefern. Natürlich können sie das Land nicht kennen, und ihre Artikel sind dementsprechend ein Wust von Worten über unbedeutendste Tatsachen, denen der Autor überproportionale Bedeutung beimißt. Das Mißtrauen der Leser ist also berechtigt, und wird vermehrt durch Jugenderinnerungen an Salgari und Verne, die in allen Einzelheiten Länder beschrieben haben, die sie nie betreten hatten, denn Verne hat Frankreich nie verlassen, und Salgari ist nie über die Säulen des Herkules hinausgekommen.

Diesen langen Sermon habe ich verfaßt, um deutlich zu machen, daß bei uns ein Roman, der nicht in der Galleria Vittorio Emanuele, in der Via Veneto oder in Aci Trezzo spielt, als Kinderbuch angesehen wird, und zwar mit gutem Grund, wie wir gesehen haben. Anderswo dagegen ist die Themenauswahl größer, und auch das Leserpublikum akzeptiert, daß ein Schriftsteller sich mit vielen Dingen befassen kann, die in Italien tabu sind, zum Beispiel mit den Malayischen Inseln, der Kindheit, Tibet, den beruflichen und moralischen Skrupeln eines Kapitäns auf einem Ozeandampfer und so weiter, wie dies von Conrad, Kipling, Malraux und unzähligen anderen getan worden ist.

Wie Sie wissen, war Conrad (1857–1924) Pole und hieß eigentlich Jozef Konrad Korzeniowski. Als Zwanzigjähriger mußte er mit seiner Familie seine Heimat als politischer Flüchtling verlassen. Er ging zuerst nach Frankreich, dann nach England, machte dort das Kapitänspatent und verbrachte zwanzig Jahre im Dienst der englischen Handelsmarine hauptsächlich auf dem Pazifischen Ozean. Danach setzte er sich in England zur Ruhe und begann zu schreiben. Wie er selbst eingestand, bemerkte er erst beim Schreiben, daß er des Englischen nicht mächtig war, obwohl er es seit zwanzig Jahren fehlerlos gebrauchte. Von dieser nicht vollständigen Beherrschung des Englischen finden sich Spuren noch in Conrads ersten Büchern *Almayer's Folly* (1895) und *An Outcast of the Islands* (1896). Weil er sich dieses Mangels bewußt war, schrieb er die beiden folgenden Romane in Zusammenarbeit mit Ford Madox Hueffer, einem ausgezeichneten Literaten, der es sich zur Aufgabe setzte, die slawischen Redewendungen in *The Inheritors* (1901) und *Romance* (1903) zu korrigieren. Mehr war nicht zu tun, denn in allem übrigen hatte Conrad schon die richtige Route gefunden: den magischen Reiz der indirekten Beschreibung, die unendliche Melancholie endloser Weiten und die scharfe, sarkastische und zugleich teilnehmende Beobachtung jenes Typus des Weißen, dem es nicht gelungen ist, an den Küsten des Pazifik sein Glück zu machen, der in Alkoholismus, Faulheit und Armut allmählich auf den Standard des Lebens der Eingeborenen herabsinkt. Conrad erweist sich bereits hier als großer Meister der Erzähltechnik des Romans. *Lord Jim,* den er noch während der Zeit der Zusammenarbeit mit Madox Hueffer veröffentlichte, ist das inzwischen klassische Beispiel für Conrads Technik, die Figur seiner unglücklichen Hauptfigur von allen Seiten zu zeigen. Der Roman wird von dem Kapitän in der Ich-Form erzählt und gleichzeitig von dreizehn weiteren Personen, die ihn auf je unterschiedliche Weise sehen und immer wieder andere Seiten seiner Persönlichkeit beleuchten. Die Geschichte entwickelt sich nicht, wie dies Wilkie Collins mit wenig Glück versucht hat, in nebeneinander aufgereihten Erzählungen einzelner Personen, sondern als ein raffiniertes und überaus diffiziles Geflecht von Gesprächen, Gerüchten, ehrlichen und weniger ehrlichen Lobeshymnen. Auf diese Weise nähert sich der Leser von allen Seiten der Gestalt dieses Kapitäns, der sein ganzes Leben an der Last eines einzigen Augenblicks der Feigheit trägt; auch am Ende noch, wenn er körperlich und seelisch zerbrochen ist. Wie in den vielen der folgenden meisterlichen Romane Conrads kommt auch in *Lord Jim* sein slawisches Mitgefühl zum tragen, das jedoch durch die harte Schule des Lebens in England gegangen ist. Um nur einige andere noch zufällig auszuwählen, möchte ich die beiden autobiographischen Romane *Youth* und *Heart of Darkness* nennen, in denen mit unerreichter dichterischer Kraft die Bedrücktheit der Seeleute beschrieben wird, »which you beget out of sheer immensity«. Wirksamer wurde der Kolonialimperialismus nie bloßgestellt als in *Heart of Darkness,* wo Conrad beschreibt, wie von einem französischen Kreuzer, dessen Mannschaft zu dreiviertel krank ist, lustlos ein dunkler, schweigender Wald im Kongo beschossen wird.

Typhoon (1903) reicht mit der leidenschaftlichen Beschreibung des Martyriums eines Küstenbootes, das in den chinesischen Gewässern von einem Taifun überrascht wird, an Defoe heran. Es geschieht nichts Außergewöhnliches und das Schiff wird gerettet: »it won't even be mentioned in the newspapers«. Aber Conrad stellt das blinde Wüten der Natur und den ebenso blinden Mut einer Handvoll mittelmäßiger Männer gegen die Naturgewalt als ein einzigartiges geistiges Abenteuer dar.

The Nigger of the Narcissus erzählt die melancholische Geschichte eines schwarzen Matrosen, der während einer endlosen Überfahrt langsam an

Joseph Conrad

Tuberkulose zugrundegeht und von den anderen See-
leuten teils mit Mitleid, teils mit Ungeduld behandelt
wird. In *The Shadow Line* verfolgen wir gebannt, wie
ein heruntergekommenes Schiff mit einem Toten an
Bord von der Windstille der Südsee an der Mündung
eines trüben siamesischen Flusses festgehalten wird.
Chance und *Freya of the Seven Isles* behandeln sehr
eindrucksvoll die zerstörerische Wirkung der kör-
perlichen Liebe, vor allem in den Tropen.

Außer über das Leben zur See hat Conrad auch
Romane von subtiler psychologischer Einfühlung
geschrieben. Dazu gehören *The Arrow of Gold, The
Secret Agent, Under Western Eyes* und viele packen-
de, von der verschleierten Verzweiflung des Autors
getragene Erzählungen.

Bei Conrad treffen wir auf das seltene Beispiel eines Autors, der zwei einander entgegengesetzte Lebenserfahrungen gemacht hat. Er wußte seine Hände zu gebrauchen, kannte sich mit Schiffen aus und schätzte, wie es unerläßlich ist für einen Mann, der in feindlichen und entlegensten Gegenden Handel treibt, klare, harte und eindeutige Fakten. Er hatte in Kategorien von »jedermann« und »irgend etwas« zu denken gelernt und erkannte, mit einem Wort, das Körperliche, Vulgäre, das Faßbare als die unerläßliche Basis für das physische und moralische Überleben des Menschen an. Aber er hatte auch in den verschiedensten Landschaften gelebt, in Meeren von außergewöhnlicher Farbe und unter Menschen von abweisender und undurchschaubarer Mentalität. Die beiden Erfahrungen fließen in seinen Romanen zusammen und verdichten sich zu Bildern von höchster poetischer Kraft.

Ich kann Ihnen gar nicht genug raten, Conrad zu lesen, denn Sie werden ein großes ästhetisches Vergnügen daran haben. Darüber hinaus aber werden Sie noch einen weiteren nicht zu unterschätzenden Gewinn aus der Lektüre Conrads ziehen. Sie können nämlich lernen, daß noch ein anderes Meer existiert als die kleine Pfütze am Gestade von Mondello, andere Männer – und andere Frauen – als die, die fünfzigmal am Tag Via Ruggero Settimo auf und ab flanieren, andere psychologische Probleme und »Vertiefungen«, wie Sie sagen, die den Menschen in dieser halbblauen Brühe nicht einmal in den Kopf kämen. Meere, Menschen und Probleme, die ebenso konkret sind wie die unseren.

Darüber, daß Conrad überleben wird, kann es keinen Zweifel geben, und zwar sein Werk in seiner Gesamtheit, denn jedes einzelne Buch ist unerläßlich zum Verständnis der anderen. Alle zusammen zeichnen das Bild einer dunklen Männerwelt voll tiefer Verzweiflung, in der sich unter gleißendem Himmel dunkle Tragödien abspielen. Ihre Kenntnis bedeutet einen Fortschritt in der geistigen Entwicklung jedes Menschen.

Der Stil Conrads? Er bleibt etwas ungenau, unvollendet, immer ein bißchen der eines »Ausländers«. Wenn aber die Engländer ihm einige sprachliche Ungenauigkeiten verziehen haben, dann sehe ich nicht, warum ausgerechnet wir die Nase über ihn rümpfen sollten, die wir für jeden einzelnen seiner Fehler hundert begehen. Wenn er von der Leidenschaft gepackt wird wie in *Typhoon* und *Lord Jim*, erreicht er gerade durch die sprachlichen Fehler seine volle dichterische Expressivität.

Conrad ist nicht leicht zu lesen, er schreibt in Synkopen, fast umgangssprachlich, er verwendet viele technische Ausdrücke und häufig sprachliche Kürzel.

Es existieren ausgezeichnete italienische Übersetzungen, womit Sie sich die Mühe sparen können, die unzähligen Fachausdrücke der Seemannssprache zu erlernen.

David Herbert Lawrence

*H*offentlich befinden Sie sich nicht in dem Irr-glauben, die Jahre vor dem schicksalhaften 1914 seien ruhige Jahre gewesen. Ruhige Jahre hat es nie gegeben und schon gar nicht zwischen 1900 und 1914.

Europa stand in dieser Zeit mehr als einmal am Abgrund eines Krieges, die Weltwirtschaft war von Krisen geschüttelt, vor allem aber in der Kunst traten Erscheinungen zutage, die wie Geschwüre ein inne-res Ungleichgewicht der Menschheit verrieten, eine Art Blutkrankheit, die auch der zweimalige schwere Aderlaß nach 1914 und 1939 noch nicht geheilt hat.

Der Ästhetizismus D'Annunzios nahm deutlich sadistische Formen an. Dabei spielt es keine Rolle, daß D'Annunzio in diesen Jahren eine tiefe innere Krise durchlebte, die ihm seine besten Werke be-scherte: das Übel war schon in die Welt gesetzt.

Gegen den Ästhetizismus erhoben sich ebenso gewalttätige Bewegungen wie in Frankreich der Ku-bismus, in Italien der Futurismus und in England der »Vorticism« von Wyndham Lewis. Die physische Gewalt kam zum Ausbruch, aber dadurch kam der innere Prozeß nicht zur Ruhe. Die Künstler spürten, daß die alten Worte und die alten Farben nicht mehr ausreichten, um die neuen Gewalten, die aus ihrem Inneren hervordrängten, zum Ausdruck zu bringen. Damals kannte noch niemand Freud, obwohl sein Werk zum Großteil schon geschrieben war. Aber das Unbewußte Freuds, zugleich Vater und Sohn seiner Zeit, inspirierte bereits alles. Mit der für Frankreich typischen intellektuellen Sensibilität hatten dort schon vierzig Jahre früher sowohl Rimbaud als auch Lautréamont auf verblüffende Weise die Verände-

David Herbert Lawrence

rungen des geistigen Klimas wahrgenommen und in Worte gefaßt. Mit einiger Verzögerung folgte in Italien der Futurismus und in Deutschland der Expressionismus. Phlegmatisch wie immer reihte sich England mit Lawrence und Joyce zuletzt in die Bewegung ein.

D. H. Lawrence (1885–1930) hat in Italien als Schriftsteller wenig Glück gehabt. Man erinnert sich seiner im allgemeinen nur als Autor von *Lady Chatterley's Lover*, einem seiner zweitrangigen Werke, und stempelt ihn als pornographischen Schriftsteller ab, wo er doch in Wirklichkeit fast keusch schrieb. Obwohl er von dem Problem des Erwachens der Instinkte und ihrer Übermacht gegenüber der Rationalität besessen war, wußte er bis auf drei Seiten in der *Lady Chatterley* die heißen Themen künstlerisch immer rigide unter Kontrolle zu halten. In der englischen Literatur ist Joyce in dieser Hinsicht weit über Lawrence hinausgegangen, hat sich aber durch die Schwierigkeiten seines Stils gerettet, die eiligen Lesern auf der Suche nach Schlüpfrigem unüberwindliche Hindernisse in den Weg legen.

Lawrence nimmt zweifellos einen Ehrenplatz unter denjenigen ein, die dem dunklen Strom von Empfindungen und Wahrnehmungen folgten und für kurze Zeit die englische Literatur von ihrem traditionellen Pfad abzubringen schienen. Dennoch kann man ihn nicht mit James Joyce und T. S. Eliot gleichsetzen, die beide ausdrücklich den – teilweise geglückten – Versuch machten, eine ganz neue Sprache für ihr neues Lebensgefühl zu finden. Wenn je für irgend jemanden Schreiben »spontaner Ausdruck« war, dann für Lawrence. Genau wie seine Nachfolger gab aber auch Lawrence seine Persönlichkeit dem Ansturm der Instinkte preis und verwarf jedes vorgegebene rationale Gerüst.

Als Sohn eines Minenarbeiters im Kohlebergbau wurde Lawrence in einem rußgeschwärzten Nest in Nottinghamshire geboren und war wegen seiner schwachen Konstitution immer von Tuberkulose bedroht, die ihn auch allzu früh dahinraffen sollte. Seine Ausbildung reichte für eine Stelle als Volksschullehrer. Mit Hilfe seiner Mutter, die eine großartige Frau gewesen sein muß, las er sich unermüdlich, aber ohne jede Ordnung, eine lückenhafte, aber doch höhere Bildung an. Trotzdem darf man bei ihm nie seinen proletarischen Hintergrund vergessen, denn Lawrence übernahm durch seine Erziehung die Sicht seiner Klasse, die die Welt vom Standpunkt des Arbeiters aus betrachtete. Voreingenommen gegen »Privilegien« reagierte man empfindlich auf alles, was als intellektuelle oder gesellschaftliche »Überlegenheit« erschien. Diese Einstellung, die Lawrence nie ablegte, erklärt zum Teil seine Tendenz zur ständigen Provokation.

Während seiner Tätigkeit als Lehrer begann Lawrence zu schreiben, und Ford Madox Hueffer, der zeitweilige Mitarbeiter von Conrad, erkannte sein Talent und veröffentlichte einige seiner Novellen in der angesehenen »English Review«. Diese nervösen, unterkühlten, sehr interessanten Erzählungen sind jetzt in dem Band *England, My England* zusammengefaßt. 1911 erschien zunächst sein Buch *The White Peacock*, gefolgt von *Trespasser* 1912 und *Sons and Lovers* 1913, seinem bekanntesten und vielleicht besten Roman. Wie immer, wenn ein Autor von Dingen spricht, die er wirklich kennt, besitzt der Roman große Kraft. Denn trotz der spürbaren Unerfahrenheit als Erzähler schildert Lawrence eindringlich die trostlose Häßlichkeit seines Geburtsortes und den starken Kontrast zu der leuchtenden Schönheit der sie umgebenden Landschaft. Mit verzweifelter Zuneigung erzählt er von den beiden Protagonistinnen des Dramas, der Mutter und der jungen, geistig differenzierten Miriam, deren Liebe seelisch alles zu geben und zu verlangen vermochte, körperlich aber nichts. Der Konflikt findet seinen bitteren und verzweifelten Höhepunkt in dem berühmten Brief von Paul (d. h. Lawrence) an Miriam (*Sons and Lovers*, Kap. IX) und nimmt das ganze weitere Werk von Lawrence vorweg. Das Bedürfnis nach physischem, sexuellen Genuß als Vorbereitung und Vollendung des Glücks hat Lawrence in (allzu) vielen Büchern zum Thema gemacht, nie aber so vollständig wie in seinem 1929 erschienenen *The Man Who Died*. Hier spricht er von der christlichen Liebe als der vollendeten Liebe »with the corpse of love« im Gegensatz zur »reality of soft warm love which is in touch, and which is full of delight«.

Weiter kann man sich nicht von der viktorianischen Gefühlswelt, oder besser der »viktorianischen Ausdruckswelt«, entfernen. Unnötig, darauf hinzuweisen, daß die Sinnlichkeit von Lawrence genau das Gegenteil der ästhetisierenden Sinnlichkeit eines Wilde oder D'Annunzio bildet.

Auf *Sons and Lovers* folgten zahllose andere Romane, die das gleiche Thema in verschiedensten Formen darstellen, dazu gehören *The Rainbow, The Lost Girl, The Woman Who Rode Away, Kangaroo, The Plumed Serpent, Aaron's Rod* und das berühmtberüchtigte *Lady Chatterley's Lover.* In letzterem und in *The Plumed Serpent* mit seiner beeindruckenden Schilderung Mexikos bekommt das Thema Sexualität eine Wendung zum Sadismus, d. h. zum bedingungslosen Ausleben unkontrollierter Sinnlichkeit in jeder Form. Die thematische Monotonie der Bücher beeindruckt in ihrer Gesamtheit durch ihre besessene Wiederholung, ähnlich dem dumpfen Tam-Tam, das in den tropischen Urwäldern die Stammesmitglieder zu phallischen Ritualfesten zusammentrommelt.

In jener Zeit seines Lebens reiste Lawrence viel, vor allem in Südamerika, und er verbrachte viele Monate in Sizilien. Hier lebte er in armen Bauernhütten und in der Umgebung von Catania und Syrakus im Zelt. Er schrieb viele Briefe, die einen wesentlichen Teil seines Werks bilden. In ihnen spricht er mit Sympathie vom sizilianischen Volk und vergleicht es mit den halb-barbarischen Indios in Mexiko wegen seiner »ausschließlichen Ausrichtung auf die Sexualität bar jeglicher moralischen oder geistigen Fessel«. (Es wäre ganz unsinnig, sich angegriffen zu fühlen, denn Lawrence faßte dies als Lob auf.)

Lawrence schrieb eine Reihe bemerkenswerter Gedichte, an denen man besser als in seinen Romanen erkennen kann, daß seine Sinnlichkeit nicht auf die Sexualität beschränkt war, sondern alle Sinne erfaßte.

»Oh but the water loves me and folds me,
Plays with me, sways me, lifts me and sinks me,
                                    murmurs:
Oh marvellous stuff!
No longer shadow! – and it holds me
Close, and it rolls me, unfolds me, touches me,
        as if it never could touch me enough.«

Als Verteidiger der Rechte des Instinkts gegen die Vernunft und damit auch gegen die Zivilisation, die auf Vernunft basiert, erscheint Lawrence ein viel radikalerer Neuerer als der insgesamt doch gemäßigte Wells und der allzu geschliffene Shaw. Im Grunde vertritt Lawrence ausschließlich die eine These, daß für die Reinen der Körper rein bleibt, und daß diejenigen, die das Fleisch negieren, unrein sind. Schönheit ist für ihn daher die Schönheit des Sichtbaren und Berührbaren, und in dem Konflikt, der aus der Leugnung dieser Dinge entspringt, liegen auch die höchsten Ziele immer niedriger als der Körper selbst. In seiner Einseitigkeit und Unausgewogenheit war Lawrence Rebell und, weil er Dichter war, kein Theoretiker. Aber seine Vitalität und ausgeprägte Sensibilität bringen seine Prosa und Dichtung zum Schwingen und führen uns ein vielleicht verzerrtes, aber intensives Leben vor Augen.

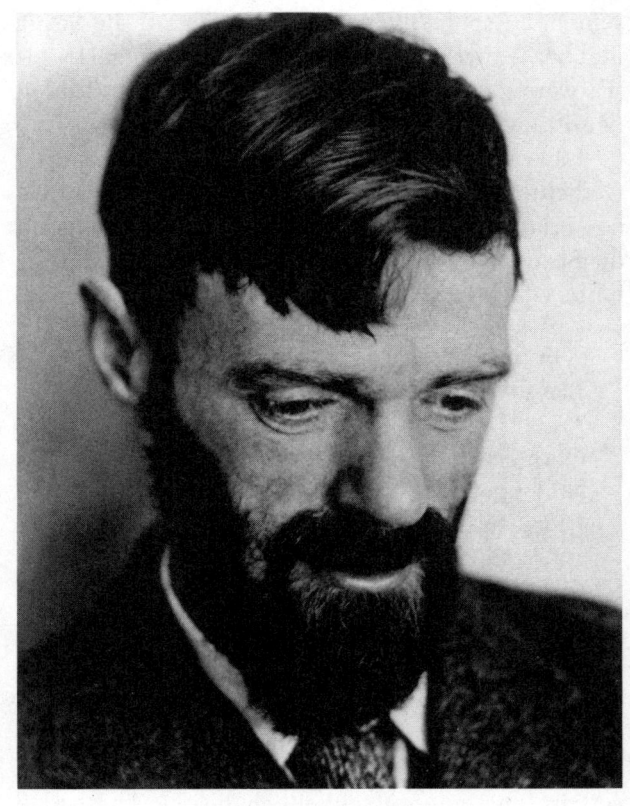

David Herbert Lawrence

Das Werk von Lawrence gehört nicht zur großen Literatur, aber, um mit den Worten eines Großen über einen andern Großen zu sprechen, es ist »notwendig«, d. h. es bezeichnet eine unausweichliche Etappe der englischen Literatur, die sich in den zwanziger Jahren gegen den Strom ihrer bisherigen Entwicklung richtete.

James Joyce

Unter all den Fischen, die im Gefolge der wendigen Forelle Lawrence gegen die starke Strömung der Tradition in der englischen Literatur anzukämpfen versuchten, schwammen auch zwei große Lachse von bedeutendem Gewicht und (wie man später sehen wird) ausgezeichnetem Geschmack. Einer von ihnen war Eliot, mit dem wir uns nicht nur wegen seiner destruktiven Kraft beschäftigen werden, sondern auch wegen seiner äußerst eleganten und genau kalkulierten Kehrtwendung, die er schließlich vollbrachte. Der andere war James Joyce, der mit Flossen und Schwanz unermüdlich gegen eine jahrhundertealte Strömung ankämpfte, in allen Farben schillernde, wunderschöne Wasserfontänen und dunkle Schlammspritzer um sich hochpeitschte, der unterging, aber nicht umkehrte. Im übrigen gab es niemanden, der ihm hätte nachfolgen können.

Es ist bis heute nicht möglich, über das Weiterleben von Virginia Woolfs Erzähltechnik ein Urteil abzugeben, aber über Technik und Sprache, die Joyce geschaffen hat, ist das Urteil eindeutig gefallen. Daraus leitet sich jedoch keinerlei Bewertung seines Werkes ab, das ganz im Gegenteil um so stolzer einsam dasteht.

Joyce war in erster Linie ein reinrassiger Ire, ein bißchen zu jung, um an der Bewegung der »Keltischen Morgenröte« teilzunehmen, die ihn im übrigen sicher abgestoßen hätte. Trotz seiner durch und durch irischen Themen gehört Joyce nämlich ganz der englischen Literatur an, soweit man von ihm überhaupt sagen kann, daß er der Literatur irgendeiner Sprache angehört. In Wirklichkeit bildet Joyce den Beginn, Höhepunkt und Niedergang der Joyceschen Literatur. In seiner Revolte gegen die Tradition war der Blick von Lawrence getrübt durch seine Sinnlichkeit und seine Ehrlichkeit. Joyce dagegen, der auf einem großen Maß an Bildung aufbauen konnte, ließ sich in seinem unermüdlichen Kampf durch nichts den Blick auf seine Ziele verstellen. Er wußte genau, was er aufbauen wollte, und hinterließ der staunenden Nachwelt das Gebäude seines Werkes exakt nach seinen Vorstellungen in vollkommenster Form. Nichts blieb dem Zufall überlassen, er wollte der Welt einen Stoß versetzen, weil sie in den Schlaf gelullt sei »by a secretive morality and an outworn art«.

Sein – sicherlich dauerhafter – Ruhm basiert auf zwei dicken Büchern, von denen man nicht recht weiß, ob man sie Romane, Bekenntnisse oder Visionen nennen soll: der 1922 erschienene *Ulysses* und das 1939 erschienene *Finnegans Wake.* 1914 hatte er mit den *Dubliners* einen Band von bemerkenswerten Erzählungen veröffentlicht, und 1916 mit *A Portrait of the Artist as a Young Man* einen autobiographischen Roman von grundlegender Bedeutung.

Dieses faszinierende Buch enthält außer der Entscheidung des Protagonisten Stephen Dedalus am Ende des Romans nichts Revolutionäres. Erzählt wird bissig und schlicht die Geschichte eines jungen Mannes, der mit der Aussicht, in den Orden einzutreten, auf ein Jesuitenkolleg geschickt wird, das Kolleg aber dann verläßt, um sich einer weltlichen Universität zuzuwenden. Stilistisch flüssig und unkompliziert wird die Abkehr von der Priesterweihe in realistischen Dialogen plausibel gemacht, in einigen Kapiteln ist die Prosa poetisch überhöht, und immer läßt uns der Autor die geistige Anspannung des jungen Dedalus in den sich häufenden Symptomen der Krise spüren. Sie kulminiert schließlich in »an outburst of profane joy«, weil Dedalus von weitem am Strand ein leicht geschürztes Mädchen beobachtet hatte: »A wild angel had appeared to him, the angel of mortal youth and beauty, an envoy from the fair courts of life.«

Bis hierher mochte es scheinen, daß Joyce nicht weiter als Lawrence gehen wollte, obwohl er schon hier nicht nur wie Lawrence allgemeine Verbote ablehnt, sondern gegen ganz bestimmte religiöse Dogmen und gegen einen genau durchdachten Lebensweg rebelliert. Nur in einem Dialog mit einem Studenten der Universität enthüllt Stephan Dedalus (d. h. Joyce), daß er sich einen viel steinigeren Weg vorgenommen hat. Es tut mir leid für Sie, aber ich muß den Abschnitt in seiner Gänze zitieren:

»Look here, Cranly, he said. You have asked me what I would do and what I will not do. I will not serve what in which I no longer believe, whether I call itself my home, my fatherland or my church: and I will try to express myself in some mode of life or art as freely as I can and as wholly as I can, using for my defence the only arm I allow myself to use, silence, exile and cunning... And I am not afraid to make a mistake, even a great mistake, a lifelong mistake and perhaps as long as eternity too.«

Diese gewichtigen Worte kalkulieren das Scheitern mit ein, und wie an ein Gelübde hat sich Joyce sein ganzes Leben daran gehalten. Er ist gescheitert, das läßt sich heute im Abstand von dreißig Jahren eindeutig sagen, aber wie dem Ulysses bei Dante blieb ihm im Untergang der Trost, das gefahrvolle Unternehmen wenigstens gewagt zu haben.

Joyce darf man natürlich nicht als einen Aufrührer gegen die herrschende gesellschaftliche Ordnung verstehen, oder wenigstens nicht nur. Wenn er das gewollt hätte, hätte ihm die allgemeinverständliche Sprache genügt, d. h. er hätte sie gebraucht. Joyce dagegen wollte die Gesellschaft in seiner ganz eigenen Weise sehen, ohne jedes vorgefertigte Schema; er wollte das Wesen des Lebens, so wie er es in seinem Inneren empfand, in einer Sprache zum Ausdruck bringen, die dieser inneren Vision vollständig entsprach; seine ganz persönlichen Eindrücke auf ganz persönliche Weise aussprechen.

Aber Joyce wollte uns das Leben nicht nur als seine innere Vision darstellen, seine innere Sicht sollte auch die der anderen umfassen. Auf diese Weise kam es zu der berühmten Joyceschen Darstellung auf drei Ebenen, auf der Ebene des Autors, auf der Ebene der Figur und auf der der Figur in der Sicht des Autors. Diese unerreicht schwierige Technik führt manchmal, oder sogar oft, zu verblüffenden perspektivischen Tiefenwirkungen. Noch öfter aber erkennt unser Verstand, der weder der von Joyce ist, noch der seiner Figur, noch der der Figur, wie sie Joyce auffaßt, nicht mehr als Buchstabenrätsel, die gering zu schätzen freilich zu billig wäre.

Auf den achthundert Seiten des *Ulysses* werden nur vierundzwanzig Stunden aus dem Leben des Stephen Dedalus und des Leopold Bloom in Dublin erzählt, die sie durchleben, umgeben von einem Schwarm von Leuten aller gesellschaftlichen Klassen. Wir verfolgen sie in *allen* ihren Tätigkeiten in Straßen, Häusern, Büros, Geschäften, Gasthäusern, Bars und Bordellen, und wir beobachten diese Menschen nicht nur bei dem, was sie tun, sondern auch bei dem, was sie sehen, denken, riechen, fühlen und heimlich wünschen. Joyce sieht all diese Menschen völlig nackt, wie den Kaiser in Andersens Märchen. Der ununterbrochene Strom von Eindrücken, der ihnen durch den Kopf geht, breitet sich bis in alle Einzelheiten vor uns aus, gleich ob vulgär, schmutzig, obszön oder vergeistigt.

In dem vielgestaltigen Geschehen gibt es geistige Höhepunkte, zum Beispiel wenn Stephen Russel seine Theorie über Hamlet erläutert und betont: »the supreme question about a work of art is out of how deep a life does it spring«. Manchmal macht er sich unbarmherzig über die Sentimentalität lustig, die für Joyce den Grund der Hölle bedeutete. »The sentimentalist is he who would enjoy without incurring the immense debtorship for a thing done.« Aber es läßt sich nicht leugnen, daß solche geistigen Höhen im Vergleich zu der Vielzahl profaner, obszöner und sogar abstoßender Passagen nur selten erklommen werden.

Ist dies die Schuld von Joyce oder von uns selbst?

Die Lektüre des *Ulysses* würde außer auf den ersten Seiten keine Probleme bieten für jemanden, der die englische Sprache in ihrem ganzen unermeßlichen Reichtum mühelos beherrscht und darüber hinaus technische Fachausdrücke, obszöne und umgangssprachliche Wendungen kennt. Der ununterbrochene Strom von Bildern im Kopf der Figuren ist entweder nur durch einzelne Wörter, halbfertige Sätze oder deformierte Zitate anderer Autoren wiedergegeben: So bewegen sich tatsächlich die Bilder im menschlichen Gehirn, bevor sie allmählich kanalisiert werden. Und Joyce will eben die Gesamtheit des Lebens, des äußeren, vor allem aber des inneren, erfassen, das ununterbrochen in wilder Unordnung aus den Tiefen des Unbewußten hervorsprudelt.

Nichts wird zurückgehalten, auf keine Empfindlichkeit des Lesers wird in irgendeiner Weise Rücksicht genommen. Man kann dieses Buch lieben oder hassen, auf jeden Fall aber muß man seine heroische Lebendigkeit bewundern. Einige werden es schrecklich finden, niemand aber kann leugnen, daß es sich um das Werk eines großen Schriftstellers handelt. *Ulysses* ist ein Prüfstein. Auch wer auf Proust schwört, wer behauptet, Eliot sei leicht lesbar und Dylan Thomas sogar kinderleicht, wird von Schwindel erfaßt, wenn er den *Ulysses* aufschlägt. Es gibt Menschen, die es als Vergnügen auffassen mögen, etwa im »Deutschen Museum« das Funktionieren eines jener artifiziellen Gehirne zu beobachten, die von künstlichem Blut gespeist mit lautloser Präzision Befehle an Nerven aus Aluminium übertragen. Aber nur wenige besitzen genügend Kaltblütigkeit, um über achthundert Seiten etwas mitzuverfolgen, das dem Schauspiel ähnelt, wenn ein Mensch von einem Zug zerfetzt wird, und aus allernächster Nähe Eingeweide, Leber, Lungen und alle anderen Körperteile zu betrachten. Diejenigen, die so etwas nicht ertragen können, behaupten aus Rache für ihren Ekel, Joyce sei nur ein Schaumschläger. Die alte, krankhafte Verleumdung der Pharisäer! (An diesem Punkt mache ich nicht weiter, denn ich fühle die Wut in mir aufsteigen.)

Vollständig kann der *Ulysses* nur von einem Engländer verstanden werden, der zugleich außerordentlich gebildet und außerordentlich vulgär ist. Aber um *Finnegans Wake* zu verstehen, muß man gottähnlich sein. Im *Ulysses* ist die »joycesche« Sprache erst im Entstehen (es gibt die »joycesche« genauso wie die ungarische, finnische oder Bantu Sprache, oder einfacher, genau so, wie es eine picassosche Anatomie gibt): Joyce begnügt sich im *Ulysses* noch damit, Sätze zu verstümmeln und der Syntax übel mitzuspielen. In *Finnegans Wake*, das seinen Autor sechzehn Jahre Arbeit gekostet hat, ist das Joycesche voll

James Joyce

ausgebildet: ungebräuchliche, ja bis dahin inexistente Wörter waren notwendig, um die Komplexität seines Denkens zum Ausdruck zu bringen.

Der Leser täte jedoch Unrecht daran, wenn er glaubte, Joyce wolle ihn nur auf den Arm nehmen. Ein Mann seines Schlages würde nicht sechzehn Jahre Arbeit investieren, bloß um den Baron Lomonaco oder den Fürsten von Lampedusa an der Nase herumzuführen. Im Vorwort versichert er selbst, daß »no idle dubiosity« hinsichtlich der »genuine authorship and holus-bolus authoritativeness« des Romans bestehen könne. Am besten nähert man sich *Finnegans Wake* über das Hören. Man sollte sich den Roman vorlesen lassen, und wie es scheint, konnte ihn Joyce selbst am besten vortragen. Beim Hören entdeckt man plötzlich, wie die dunkelsten Wörter ganz einleuchtend werden und in der Vorstellung des Zuhörenden eindrucksvolle Bilder erscheinen lassen.

Will der Leser sich aber allein an die Lektüre machen, hat er harte Arbeit vor sich. Er braucht nicht nur mindestens zwei oder drei Wörterbücher: eines für technische Begriffe, eines für den irischen Dialekt und eines für wenig bekannte Zitate. Er muß auch all das von Joyce neu Geschaffene zu verstehen versuchen: Die Wörter, die durch Verbindung von zwei Ausdrücken aus der Umgangs- und der Hochsprache oder aus drei bis vier in sich verformten Vokabeln entstehen, und jene Sätze, in denen der Kern eines (völlig unbekannten) Verses von Marlowe oder Browning von einem unflätigen Wort am Anfang und einem Pferdekutscherfluch am Ende umrahmt ist.

Aber auch wenn die Fallstricke der Wortbedeutung aus dem Weg geräumt sind, ist man noch weit vom Verstehen entfernt. Immer noch kann man sich nur mit größter Vorsicht vorwärtsbewegen, denn blitzartig und ohne Vorwarnung auch nur durch ein Komma wechselt Joyce von der Erzählung zur Beschreibung, und von da aus zur Reflexion, vom Heute zu zehn Jahren früher oder zwei Jahren später. Der innere Monolog einer Figur geht plötzlich in den einer anderen über oder sogar in den des Autors selbst. All dies geschieht ohne den geringsten Hinweis und in dieser komplexen Sprache aus verdrehten oder erfundenen Wörtern. Man kommt sich vor wie ein Reisender, der am Bahnhof von Termini Imerese angekommen ist und als nächstes Stationsschild Fiumetorto erwartet, sich aber statt dessen in Schneidermühl findet, danach in Ostende, dann in Swansea und schließlich in San Mauro. Die Namen der Bahnstationen sind zu allem Überfluß in arabischen Lettern geschrieben.

Unter diesen Bedingungen ist es schwierig, den Inhalt von *Finnegans Wake* wiederzugeben, und ich bin dazu schon gar nicht in der Lage. Auf Joyceisch gesagt geht es um »manorwomanborn«, d. h. mit anderen Worten um die Menschheit von innen, unter ihrem fleischlichsten und lächerlichsten Aspekt. Betrunkene und eines Verbrechens verdächtigte Männer, Advokaten, Polizisten, Beamte, ruhige und respektierliche Personen und Frauen, die bis zur Verzweiflung sentimental sind oder verzweifelt unsentimental, alle werden auf den kleinsten gemeinsamen Nenner des Geschlechts reduziert. Alles wirkt aggressiv und überspannt. Ich will Ihnen nur zwei Zeilen zitieren, in denen Joyce auf die traditionellen Literaten losgeht: »Those crylove fables fans who are 'keen' on the pretty-pretty common-face sort of thing you meet by hopeharrods«.

Das Buch scheint wie in einem Atemzug geschrieben und man spürt seine absolute Ehrlichkeit. Auch wenn die überwiegende Mehrheit der Menschen als vulgär, trunksüchtig, lasterhaft, kriminell, heuchlerisch, überkritisch und lächerlich beschrieben ist, merkt man sofort, daß der Autor nicht Partei ergreift, denn er ist von keinem psychologischen Interesse geleitet. Schönheit oder Häßlichkeit, Schmutz oder Faulheit dieser Welt interessieren ihn überhaupt nicht. Er sagt zu uns: »Dies ist die Welt, akzeptiert sie oder lehnt sie ab, das ist eure Sache.« Er will uns den Höhlenbewohner sichtbar machen, der noch in jedem modernen Menschen zum Vorschein kommt, und zwar um so grauenhafter, je mehr er als zivilisierter Mensch verkleidet ist.

Joyce war Ire wie Swift. Seine vollkommene Mißachtung der Menschheit hätte Joyce kaum deutlicher zeigen können, als dadurch, daß er sechzehn Jahre lang an einem Buch geschrieben hat, das so gut wie niemand je würde verstehen können. In *Finnegans Wake* hat Joyce das Feld für die linguistische Forschung immens erweitert, er hat einen Lichtstrahl auf den Grund vergifteter Brunnen gworfen. Hat er aber Literatur geschaffen? Nur er selbst konnte darauf eine Antwort geben. Wenn er versucht hat, den Wirbelsturm der Bilder in seinem Gehirn für sich selbst darzustellen, ist ihm dies sicher gelungen. Da wir aber nicht Joyce sind, können wir die Frage nicht beantworten.

Außer in Paradoxien ist *Finnegans Wake* überhaupt nicht zu fassen. Kunst ist Ausdruck für die anderen und nicht für sich selbst. Schon allein, ein Buch drucken zu lassen, heißt, an die Kommunizierbarkeit des Geschriebenen zu glauben. Hat man aber nur für sich selbst und in einer ganz persönlichen Sprache geschrieben, besteht wenig Hoffnung auf Kommunikation.

Daß dem so ist, beweist der geringe Einfluß nicht von Joyce, sondern von *Finnegans Wake*, seines Hauptwerkes. Ich kenne nur Sartre, der in einigen seiner Bücher versucht hat, diesem Vorbild zu folgen; aber immer in verständlichem Französisch.

Die Welt von Joyce und sein künstlerisches Credo sind so individuell, daß man, um ihm zu folgen, etwas völlig *anderes* schreiben müßte.

Vielleicht sind *Athalie* oder *La Locandiera* Werke, die dem Joyceschen Postulat nahekommen.

Sie sollten aber keineswegs herablassend von diesem Märtyrer des individuellen Ausdrucks sprechen. Vielleicht kann man ihn verrückt nennen, aber unter einem ethischen Gesichtspunkt könnte die Weisheit eines Wordsworth oder eines Monti seiner Verrücktheit nicht das Wasser reichen. Man hört murmeln, verrückt sei er nicht, sondern ein Schaumschläger. Die so murmeln, erkennen die Schaumschlägerei in den Bildern Bouguereaus und in den Oden Carduccis nicht, und nicht die der honigsüßen Klänge Bellinis oder der Verse Gozzanos.

Virginia Woolf

Virginia Woolf beging vor dreizehn Jahren Selbstmord. Und noch immer ist ihr Platz in der englischen Literatur nicht eindeutig bestimmt. Die Zweifel und andauernden Debatten über die Bewertung ihres Werkes sind mehr als verständlich, denn es steht viel auf dem Spiel. Zusammen mit Joyce, aber ohne dessen Aggressivität und Geschmacklosigkeiten, hat Virginia Woolf eine neue Art zu erzählen geschaffen, die ganz aus Anspielungen, intimen Beziehungen, spontanen Assoziationen und Bildern nicht von Dingen, sondern von der Erinnerung an Dinge besteht. Sie war es, die Proust in die erzählende Literatur ihres Landes eingeführt hat, und sie war es, die über ihn hinausgegangen ist. Die Rede ist hier nicht von ästhetischen *Werten,* sondern von *Methoden* der Analyse. Erst wenn diese in hohem Maße poetische Methode Nachahmer findet, und zwar bedeutende Nachahmer, wird sich zeigen, ob sich in ihr nur eine besonders sensible Seele ausdrückte, ober ob sie das Bedürfnis einer ganzen Generation, sich auf *diese Weise* zu artikulieren, erfaßt hat. Dann wäre sie mit Fug und Recht als die Begründerin des zeitgenössischen englischen Romans zu bezeichnen. Andernfalls wird ihr der Ruf als einer über alles erhabenen Exzentrikerin bleiben, als Schöpferin einer wunderbaren, ganz persönlichen, vom Leben abgeschotteten Welt.

Bis heute macht sich der Einfluß von Virginia Woolf in der englischen Literatur bemerkbar, kein Autor kann sich ihrem Zauber entziehen. Aber ihre Vorgehensweise, die nur als Ganzes wirksam ist, scheint nicht übernommen worden zu sein. *Adhuc sub judice...*

Virginia Woolfs Leben (1882–1941) hat gewisse Ähnlichkeiten mit dem von Proust. Auch sie stammte aus einer sehr reichen bürgerlichen Familie, auch sie verlebte eine behütete, aber schwierige Jugend und auch sie verfaßte erst spät ihre wichtigsten Werke. Sie war die Tochter des einflußreichen Kritikers Sir Leslie Stephen und schrieb elegante und scharfsinnige, aber keineswegs über das Niveau der Modeautoren hinausgehende Artikel und Rezensionen. Auch ihre ersten Romane, *The Voyage* (1915) und *Night and Day* (1919) verfaßte sie offenbar, noch bevor sie ihr wahres Wesen entdeckt hatte. Sie entsprechen dem allgemeinen Niveau guter englischer Romane, und dieses Niveau liegt, um es an dieser Stelle zu betonen, wesentlich höher als das italienischer oder deutscher Romane.

Wäre sie damals gestorben, so hätte man sich ihrer erinnert als einer jungen, eleganten Schriftstellerin mit ausgezeichneten Kenntnissen der griechischen Philosophie und der Literatur der elisabethanischen Zeit, mit exzellentem Geschmack in Musik und Malerei, mit hohen Bildungsanforderungen und einer gelinden Verachtung für den allgemeinen Literaturbetrieb. Mehr nicht. Sie als Begründerin des modernen englischen Romans zu bezeichnen, wäre bestimmt niemandem in den Sinn gekommen.

Zum Glück starb sie nicht, sondern heiratete Leonard Woolf, der ihr an Geist und Bildung ebenbürtig war. Sie aber war von einer inneren Unruhe getrieben, weil sie aus der Lektüre der besten Werke ihrer Zeit erkannte, daß ihre Art der Wahrnehmung sich von der der anderen unterschied, und daß sie noch nicht die ihr gemäße Ausdrucksform gefunden hatte. Die damals viel gelesenen englischen Romanautoren wie Wells, Bennett und Galsworthy blieben ihr fremd. Von Galsworthy, der sich doch für so sehr vergeistigt

Virginia Woolf

hielt, sagte sie sogar, er sei ein »Materialist«. Shaw nannte sie »die Lüge und den Vater der Lüge«, wie ihren interessanten Tagebuchaufzeichnungen aus dieser entscheidenden Zeit ihres Lebens zu entnehmen ist. Aus den Notizen kann man jedoch ersehen, daß es noch andere gab: da war Proust, der allmählich bekannt wurde, da waren Joyce und Dorothy Richardson. An Proust bemängelte sie seine Tendenz, eine ganze Gesellschaftsschicht porträtieren zu wollen, »which sometimes blurs his otherwise perfect eyesight«; bei Joyce fand sie seine oft überflüssige

Vulgarität abstoßend; der Mangel an Form entfernte sie von Dorothy Richardson.

Aber der Weg war gefunden: die Darstellung des Lebens in aneinandergereihten Momentaufnahmen, »because we live in minutes, and not in years«.

Ihre neue Schreibweise beginnt sich in einigen Skizzen zu entwickeln, die sie im Jahre 1921 unter dem Titel *Monday and Tuesday* veröffentlichte, sie zeigt sich bereits ausgearbeitet in dem 1922 erschienenen *Jacob's Room* und zu voller Meisterschaft entfaltet in *Mrs. Dalloway* von 1925.

In *Jacob's Room* wird noch fortlaufend erzählt, wenn auch in einer Aneinanderreihung von Bildern; und die Dramatik vollzieht sich allein im Kopf der Figuren. Das Drama des Lebens läuft in einer Abfolge von Momentaufnahmen durch die Jahre hindurch bis zum Tode ab. Ein Augenblick folgt dem anderen, bedingt durch den vorhergehenden und den nächsten bedingend. Virginia Woolf läßt uns diese unausweichliche Verkettung niemals vergessen, ebenso wenig wie die Unausweichlichkeit des Todes, der auch nur ein Augenblick ist, dem jedoch kein anderer mehr folgen wird.

Das Buch besitze ich nicht mehr, und hier besteht auch keine Hoffnung, es jemals wieder zu bekommen.

Mit *Mrs. Dalloway* beginnt die Reihe der fünf Meisterwerke von Virginia Woolf. Sie enthalten die Quintessenz ihrer Kunst, sie haben eine neue Methode des Erforschens und gleichzeitig eine neue poetische Sicht der Welt eröffnet. Ob sie nun als Begründerin des modernen englischen Romans gelten wird oder nicht, diese Bücher werden sicher überdauern.

Zu diesen fünf Romanen gehören das erwähnte *Mrs. Dalloway, To the Lighthouse* (1927), *Orlando*

(1928), *The Waves* (1931), *The Years* (1937) und das nicht überarbeitete und postum veröffentlichte *Between the Acts*.

Es tut mir leid für Sie, aber ich muß über jeden einzelnen dieser Romane sprechen. Ich habe sie jetzt alle wieder gelesen und war hingerissen. Deshalb schreibe ich nun einfach zu meinem Vergnügen und gebe Ihnen dann vielleicht nur eine Zusammenfassung, um Ihnen nicht allzuviel Ihrer kostbaren Zeit zu rauben.

Es wäre sinnlos, in den Romanen von Virginia Woolf eine »Handlung« im herkömmlichen Sinn zu suchen. Man kann nur das finden, was für sie einer Handlung entsprach: eine Situation, in der sich das Leben kristallisiert. In dieser Situation sind eine bestimmte Anzahl von Menschen und eine Abfolge von »Augenblicken« ihres Lebens erfaßt, die aufeinander reagieren, und diese Augenblicke selbst stellen sich in einer Abfolge von Vorstellungen und bewußten Bildern (was dasselbe ist) dar, im unerbittlichen Rhythmus der Zeit.

In *Mrs. Dalloway* kommt als einzig handelnde, wenn man überhaupt so sagen darf, Person eine reife alte Dame vor, von der zwölf Stunden ihres Lebens erzählt werden. Sie ist krank und weiß es, aber das hindert sie nicht daran, an diesem Junitag ihrer Pflicht nachzukommen und die Vorbereitungen für eine Abendeinladung zu treffen. Seit dem Morgen, als sie Hyde Park verläßt, um sich in das Gewühl von Piccadilly zu begeben, ist sie sich bewußt, es sei »very dangerous to live even one day«. In den folgenden spontanen Bildern reflektiert sie das Leben im allgemeinen, nicht nur ihr eigenes:

»Oh, it was very queer. Here was So-and-so in South Kensington; someone up in Bayswater; and someone else, say, in Mayfair. And she felt quite continuously a sense of their existence; and she felt what a waste; and she felt what a pity; and she felt if only they could be brought together; so she did it. And it was an offering; to combine, to create; but to whom?«

In *Mrs. Dalloway* ist ein ganzer Abschnitt eines heiter-belanglosen Lebens in einen einzigen Tag gefaßt; leichthändig und ein wenig grausam, wie ein Vorgeschmack auf die Ewigkeit.

In *To the Lighthouse* läßt Virginia Woolf eine Familie in den Ferien einen Bootsausflug zu einem Leuchtturm machen, um die Unerbittlichkeit, aber auch die Monotonie des Verrinnens der Zeit zu zeigen. Die Bootsfahrt geht glücklich zu Ende und das Buch ist aus. In den wenigen Tagen erleben wir durch fragmentarische, aber miteinander verknüpfte Visionen, durch flüchtige, aber mit dem Sinn des Lebens und des Todes befrachtete Dialoge die Kälte und Schalheit der Existenz dieser Familie. Diese Schalheit ist jedoch aufgeladen mit dem Gefühl des ununterbrochenen Verrinnens der Zeit und des allmählichen, kaum spürbaren Eindringens des Todes, dieses »letzten Aktes ohne ein danach«. Er ist noch weit entfernt, aber doch ganz konkret, »wie eine 100 Meilen entfernte Bahnstation, die existiert, während wir auf sie zufahren; die wir nicht sehen, von der wir aber durch den Fahrplan sichere Gewißheit haben.« Der unerbittliche Wellenschlag, »der in diesem Augenblick an die Küsten der ganzen Erde rollt« skandiert als Lichtreflex am Tage, als Geräusch in der Nacht das Verrinnen der Zeit.

Sie sollen nicht den Eindruck erhalten, Virginia Woolf sei eine weinerliche Schriftstellerin; sie wechselt vielmehr von heiterem Humor zu tiefer Melancholie. So ist sprühende Lebendigkeit das Thema von *Orlando*. Hier hat die Autorin versucht, das ganze gesellschaftliche Leben Englands über Jahrhunderte in einer einzigen Figur zu personifizieren, die außer mit Unsterblichkeit auch mit der Fähigkeit, ihr Geschlecht zu wechseln ausgestattet ist. Mit verblüffender Wirkung wird die lange Geschichte der Ideen und Gewohnheiten in der bekannten Methode von miteinander verknüpften kleinen inneren Bildern erzählt. Wenn man wollte, könnte man auf die Symbolik des doppelten Geschlechts des Dichters eingehen, der gibt und empfängt, oder auf den unauflöslichen Zusammenhang der Generationen bis ins Unendliche. Viel einfacher aber kann man den *Orlando* auch als eine phantastische Erzählung voller Satire und farbiger Details lesen. In jedem Fall ist die Lektüre gewinnbringend und faszinierend und zeigt uns die Vielgestaltigkeit der Seele dieser großen Schriftstellerin und ihre ungewöhnlich große Bildung.

Von den Werken Virginia Woolfs hat *The Years* die heftigsten Kontroversen ausgelöst. Die zahlreichen Kritiker des Buches halten hier das Thema der Zeit für allzu insistent, allzu explizit in den Vordergrund gerückt. Mag sein. Mir dagegen erscheint es als das am tiefsten poetische Werk von allen. Virginia Woolf erzählt vier unterschiedliche, ganz belanglose, alltägliche Episoden aus dem Leben einer Familie von 1880 bis heute, die aber wie immer von verborgener Schicksalhaftigkeit getragen sind. Von den Uhren des Hauses, die in diesen fünfzig Jahren kaputt gehen, wieder gerichtet, verkauft oder neu gekauft werden, bleibt immer eine übrig, um die Stunden zu schlagen und den Rhythmus des heraklitischen Fließens der Zeit in diesem halben Jahrhundert anzugeben. In diesem Rhythmus wechseln die Jahreszeiten wie eine große kosmische Uhr, und unterstreichen dadurch die wandelbare Identität der Generationen.

Vernehmen Sie die stille Poesie und die lächelnde Traurigkeit der letzten Zeilen von *The Years*: »The sound of the hour filled the room; softly, tumultuously, as if it were a flurry of soft sighs hurrying one on top of another, yet concealing something hard. Lady Pargiter counted. It was late.«

Ihren letzten Roman *Between the Acts* konnte die Autorin nicht mehr selbst überarbeiten, und er zeigt an einigen Stellen stilistische Unebenheiten. Trotzdem bietet gerade er die größte Überraschung, denn Virginia Woolf hat hier mit bescheidensten Mitteln den phantastischsten *Sommernachtstraum* geschaffen, der sich denken läßt. Eine Gruppe von Personen trifft sich in einem schönen alten Haus, um an einer der in England so beliebten »pageants«, der Festumzüge in historischen Kostümen, teilzunehmen. Das benachbarte Dorf veranstaltet diesen Umzug im Park der Villa. Der Umzug findet statt, das Buch ist aus. Um die schlecht zueinander passenden Gäste und die mittelmäßigen Schauspieler, die den »pageant« darstellen sollen, entsteht jedoch eine spannungsgeladene, elektrisierende Atmosphäre, bis an die Grenzen einer kollektiven Hysterie. Obwohl man den Eindruck gewinnt, an einer Art Hexensabbat teilgenommen zu haben, stellt man am Ende fest, daß eigentlich nichts geschehen ist, nichts was nicht an jedem ruhigen Sommernachmittag geschieht. Es gibt keine eigentlichen Hauptpersonen. Die Aufmerksamkeit konzentriert sich manchmal stärker auf Isa, die für sich selbst ständig zweitrangige Gedichte wiederholt; oder auf die immer in Erinnerungen an die Vergangenheit versunkene Mrs. Swithin, die in einer ruhigen Nacht dem Wellenschlag an die Felsen der Küste lauscht; oder auf Miss La Trobe, wie sie

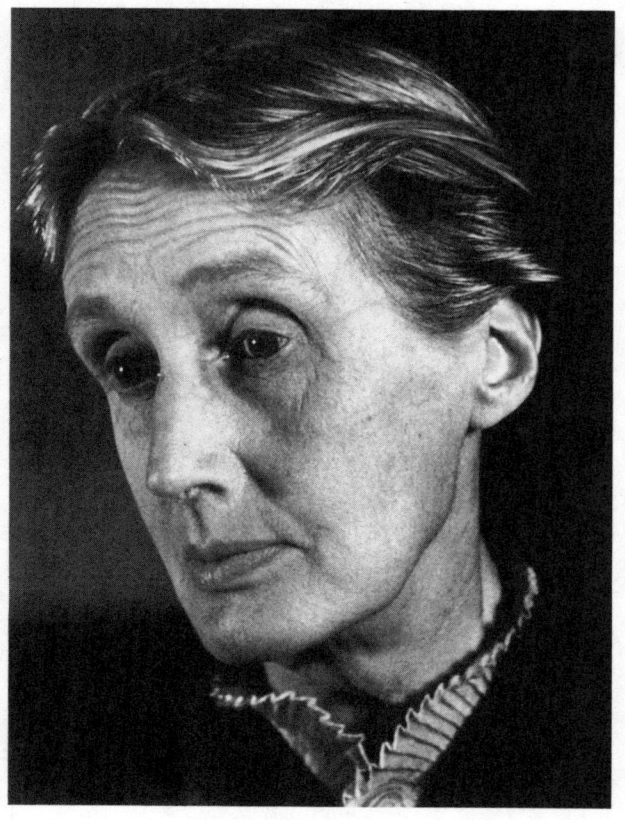

Virginia Woolf

sich darauf freut, daß der Erfolg des »pageant« ihre finanziellen Nöte beheben könnte. Diese Figuren stehen allerdings nicht mehr im Mittelpunkt als die federgeschmückten Ritter des Festumzugs; sie kommen und gehen in einem Auf und Ab von einzelnen Gedanken und Eindrücken, das nur die Autorin zu einem Ganzen verbindet. Sie macht daraus eine musikalische Komposition und läßt die Musik manchmal bis in schrille geistige Höhen anschwellen, hält sie aber immer aber in der ungreifbaren Schwerelosigkeit eines Traumes. In einem bestimmten Augenblick ist der Lauf des Lebens gleichsam eingefroren, aber unter der Oberfläche fließt er mit fiebriger Intensität weiter als Abbild der ewigen Zeit mit ihrer ständigen Wiederholung.

Jeder dieser Romane hat ein klar definiertes Thema, das sich musikalisch paraphrasierend Note um Note in Crescendos und langsamen Takten entfaltet, begleitet vom Fließen der Zeit, skandiert von Uhren und Wellen, von Bahnstationen und sogar von Isas häßlichen Versen. Alles drückt sich in inneren Bildern, Visionen und Klängen aus, die tiefe psychologische Perspektiven eröffnen.

Proust, werden Sie sagen. Sicher, auch Proust. Virginia Woolf aber nimmt die Zeit anders wahr, denn bei Proust wird die Zeit immer als »verflossene Zeit«, nie als »fließende Zeit« gesehen. *Auf der Suche nach der verlorenen Zeit* beschäftigt sich mit der Vergangenheit, die Romane von Virginia Woolf dagegen ähneln den Kurven an Krankenbetten, die stündlich das Fieber anzeigen. Unsere Epoche ist empfindlich geworden für die Zeit, und wir hören ihr Dröhnen durch das Tosen des Katarakts hindurch, der uns verschlingen wird und auf den wir unausweichlich zutreiben.

Virginia Woolf ist eine Schriftstellerin von europäischem Rang, eine große Dichterin, und diese Einführung – trotz all ihrer Mängel – soll Sie dazu verleiten, sie kennenzulernen.

Thomas Stearns Eliot

*E*s könnte scheinen, daß der 1888 geborene T. S. Eliot heute den Höhepunkt seiner Entwicklung und seines Ruhmes erreicht hat, denn seinen Namen kennen sogar diejenigen, die ihn nicht gelesen haben, er hat den Nobelpreis erhalten, und seine Werke haben die Schwelle der Buchhandlung »Flaccovio« erreicht. Das läßt mich an die Freude der Ninon Lenclos denken, als sie sah, daß sich die Kaminkehrer nach ihr umdrehten, wenn sie vorüberging.

Die Lektüre Eliots läßt jedoch eine immer noch andauernde Steigerung und die ständige Suche nach einer weiteren Vollendung der Form erkennen. Mit fünfundsechzig Jahren vermittelt Eliot den Eindruck eines Dichters, der noch mitten in seiner Entwicklung steht. Und wenn er dann sein endgültiges Werk geschrieben haben wird, wird es ein wirklich sehr, sehr bedeutendes sein.

Seine geistige Entwicklung begann mit der negativen Phase von *The Waste Land* (1922) und *The Hollow Men* (1925), ging zu schmerzhafter Sammlung in *Ash Wednesday* (1930) über und mit *Murder in the Cathedral* und *The Rock* (1934–35) zu einem konstruktiven geistigen Neubeginn, der noch deutlicher in dem 1939 erschienenen *Family Reunion* und im gleichen Jahr in dem hervorragenden *Practical Cats* zutage tritt. Man hätte vermuten können, daß der 2. Weltkrieg den Dichter entmutigen würde, und daß er, da sich die allgemeinen gesellschaftlichen und moralischen Bedingungen nicht geändert haben, wieder in den geistigen Nihilismus verfallen würde, den er in *The Waste Land* so großartig zum Ausdruck gebracht hatte. Sein geistiges Credo hatte sich jedoch schon so gefestigt, daß der neue Krieg seinen Werken

Thomas Stearns Eliot

eine stärkere Düsternis gab, der Autor selbst aber um so mehr an eine erlösende Synthese glaubte. Der Nachkriegszeit gehören die *Four Quartets, The Cocktail Party* (1949) und das jüngst erschienene *Confidential Clerk* an, von denen zwei für jeden anderen außer Eliot den Höhepunkt seiner Entwicklung darstellen würden. Aber beide Werke tragen auf einer vorgezeichneten Linie in sich den Keim noch größerer Werke und könnten dann die »summa poetica« und »filosofica« dieser ganzen Generation werden.

Eliot wurde in den Vereinigten Staaten in Massachusetts – ähnlich wie Henry James – als Sohn einer hochgebildeten und streng presbyterianischen Familie geboren. Er studierte in Harvard und Oxford, hielt sich meist im Ausland, vor allem in England und Italien auf, wurde schließlich englischer Staatsbürger und konvertierte zur anglo-katholischen Kirche (d. h. zur anglikanischen und nicht römisch-katholischen, wie fälschlicherweise behauptet worden ist). Heute lebt er in England.

Eliot gilt als Revolutionär unter den Dichtern. Doch dieser Revolutionär hat 1920 in *Tradition and the Individual Talent* geschrieben:

> »The existing monuments form an ideal order among themselves, which is modified by the introduction of the new (the really new) work of art among them. The existing order is complete before the new work arrives.«

Literatur ist für Eliot ein andauernder Prozeß, in dem die Gegenwart die Vergangenheit enthält. Die »fresh creations« der Gegenwart stellen nicht die alte Welt, sondern das neue veränderliche Sein vor, aber nicht *losgelöst* von der Vergangenheit, denn sie selbst verändert und vollendet sich erst durch die Einbindung des neuen Werkes. Das Gewicht der Tradition der Jahrtausende beeinflußt Form und Zeitpunkt für die Entstehung neuer Werke. Aus dieser Auffassung ergibt sich die Notwendigkeit der Übung, der »askesis« des Künstlers, die es ihm erlaubt »to be a rebell but no iconoclast«.

Eliot folgte in seinem Versuch einer Erneuerung des Wortschatzes dem Vorbild von Joyce, allerdings nicht mit allen Konsequenzen. Er ging nicht nur nicht so weit wie Joyce in *Finnegans Wake,* sondern er übernahm nicht einmal vollständig die joycesche Wortästhetik des *Ulysses.* Eliot mußte erkennen, daß der maßlose Gebrauch der »Umgangs- und Gossensprache« seine Lyrik vorzeitig hätte altern lassen, weil diese Sprache von Natur aus wandelbar ist, sozusagen zeitlos zeitgebunden. Der Wortschatz hätte seine Verse welken lassen, obwohl die Bilder noch lebendig waren. Der entfesselte Gebrauch obszöner Wörter mochte in einem Roman gerechtfertigt sein, nicht aber in einem Gedicht, das sich mit Dingen beschäftigt, die wenig mit Obszönitäten zu tun haben; das hätte als »Pose« gewirkt.

Von diesen beiden Elementen abgesehen bleiben von der joyceschen Erneuerung der Sprache noch die Wortschöpfung durch die Verschmelzung zweier bekannter Wörter und das verstümmelte Zitieren von Autoren aus Vergangenheit und Gegenwart. Diese beiden Stilmittel verwendete Eliot, setzte sie aber nicht bewußt geschmacklos wie Joyce, sondern unendlich viel sparsamer ein. Von diesem Ausgangspunkt aus veröffentlichte Eliot im Jahre 1917 mit *The Love Song of J. Alfred Prufrock* seine erste Dichtung, in der er voller Ernüchterung, Ironie und Abscheu eine triviale, schmutzige und leere Welt betrachtete.

In *Prufrock* (und den 1920 erschienenen *Poems* mit dem großartigen *Gerontion*) hatten wir es nur mit der Eitelkeit, der Brüchigkeit und morbiden Nichtigkeit, dem Absterbenden zu tun, aber in *Waste Land* (1922), Eliots erstem wirklich großen Werk, holt seine Vorstellungskraft weiter aus; er betrachtet das trostlose Bild mit forschendem Blick auf der Suche nach einem Sinn, wo doch nichts anderes zu finden ist als:

>»A heap of broken images, where the sun heats,
And the dead tree gives no shelter, the cricket
                                     no relief
And the dry stone no sound of water.«

Mittelalterliche Allegorien besaßen vier Bedeutungsebenen, den »sensus litteralis«, den »sensus allegoricus« und den »sensus moralis«. In manchen Fällen gab es noch als vierte Ebene den »sensus anagogicus«, die religiöse Allegorie auf die geistige Welt. *The Waste Land* ist im eigentlichen Sinne keine Allegorie, weil es keine Geschichte erzählt, denn die schrecklichen Geschichten, die darin auftauchen, werden als lyrische Bilder benutzt. Dennoch sind die drei ersten Bedeutungsebenen deutlich erkennbar, und auch der »sensus anagogicus« der vierten Lebensweise ist unverkennbar angedeutet. Wir können uns dessen ganz sicher sein, weil wir das Thema zwanzig Jahre später in den *Four Quartets,* Eliots – bis jetzt – bestem Werk, wieder auftauchen sehen.

Der (bisherige) Höhepunkt seines philosophischen und dichterischen Schaffens sind, (wie gesagt), die zwischen den Jahren 1936 und 1942 geschriebenen *Four Quartets.* Sie haben Ortsnamen als Titel: In *Burnt Norton* lebte der Dichter in England; aus *East Coker* stammte die Familie Eliot ursprünglich; *Dry Salvages* heißen die Riffe vor der Küste von Massachusetts, die der Dichter als Kind gut kannte; und in *Little Gidding* hatte eine religiöse Bewegung ihren Sitz, die mit den Namen Herbert und Crashaw verbunden ist.

Die *Quartets* sind wie musikalische Kompositionen aufgebaut. Eliot hat einmal gesagt, ein Gedicht oder ein Teil eines Gedichts kann dahin tendieren, daß es, noch bevor es seinen Ausdruck in Worten gefunden hat, als Rhythmus zum Vorschein kommt. Offenbar hat Eliot in *Burnt Norton,* das einige Jahre vor den anderen erschienen ist, mit einer fünfteiligen Form den Rhythmus gefunden, der ganz seinen Vorstellungen entsprach, denn er verwendete ihn in verschiedenen Abhandlungen seither.

Ich möchte diesen Überblick über die Gedichte Eliots nicht schließen ohne einen Hinweis auf *Old Possum's Book of Practical Cats* mit seinen überaus vergnüglichen, boshaften und witzigen Versen. Sie scheinen nur zum Zeitvertreib geschrieben zu sein, und vielleicht ist dies auch der Fall. Aber Eliot hat hier, vielleicht unbewußt, diejenigen ad absurdum führen wollen, die ihn bezichtigten, er habe den »freien Vers« gewählt, weil er mit den traditionellen Versmaßen nicht habe umgehen können. Diesen natürlich dümmlichen Kritikern hat Eliot mit seinen *Practical Cats* geantwortet, in denen er die traditionellen Versmaße und Reime mit unbefangener Bravour handhabt und wunderbar komische Effekte erzielt.

Seinen Ruhm verdankt Eliot eigentlich seinen Theaterstücken, obwohl sie ästhetisch seinen Gedichten bei weitem unterlegen sind. Er schrieb die vier Stücke *Murder in the Cathedral, The Family Reunion, The Cocktail Party* und *The Confidential Clerk,* die Chorstücke zu *Rock* und die kurzen (aber wirkungsvollen) Szenen von *Sweeney Agonistes.* Nur *Murder in the Cathedral* ist ein erstrangiges Werk, *The Rock* besitzt nur als Gedicht Wirkung, und die *Sweeney Agonistes* sind trotz ihres dramatischen Wertes als Szenen zu kurz, um ein ganzes Stück zu bilden. Die drei Komödien zeigen immer wieder das Talent des Autors, aber aus dem einen oder anderen

Grund können sie nur als mißlungene Theaterstücke gelten.

Wie für die Lyrik besitzen wir auch für das Theater eine direkte Dokumentation über die kritischen Vorstellungen Eliots.

Eliot hat immer die Auffassung vertreten, daß ein Dichter sich nie in den Formen künstlerisch ausdrücken könne, die im Zeitraum ein und derselben kulturgeschichtlichen Epoche schon von anderen benutzt worden ist. Deshalb müßten, so betonte er in einem Rundfunkgespräch im Jahre 1932, englische Dramatiker von Shakespeare »loskommen«. Denn, fuhr er fort, wenn wir uns nicht von ihm entfernen, werden wir nichts anderes tun, als in unbewußter Nachahmung häßliche Blankverse zu schreiben. Da aber niemand ohne Tradition etwas schaffen kann, könnten sich künftige Dramatiker nur an den Vorbildern mittelalterlicher Mysterienspiele und der griechischen Tragödie orientieren.

Vorher jedoch hatte Eliot im Jahre 1926 das von seiner Mutter geschriebene Versdrama *Savonarola* herausgegeben. In der Einleitung hatte er erklärt, »jetzt, nach den Komödien Shaws und ihrer langen diskursiven Prosa«, müßte das Theater eine Intensivierung und Konzentration erfahren, die die Prosa nicht leisten könne. Die Zukunft des englischen Theaters liege in der Versdichtung, in einer neuen Versform.

In seinem *Dialogue on Dramatic Poetry* legt Eliot dar, daß der Vers im Theater nicht einem im wesentlichen prosaischen Werk wie ein Ornament aufgesetzt sein dürfe, sondern daß die Struktur des Dramas aus der Dichtung selbst lebt. Da das eigentliche Bühnenstück nur in Versen existieren kann, bedeutete die Prosa auf der Bühne für Eliot nur einen Verlust. Angesichts des Mangels an Rhythmus und dem durch und durch prosaischen zeitgenössischen englischen Theater sah er die einzige Zuflucht für Liebhaber der Kunst auf dem Theater im Ballett in Verbindung mit den Filmen Chaplins und den Kunststücken Rastellis. Mit diesem ironischen Ideal im Kopf machte sich Eliot ans Schreiben von Theaterstücken.

Eliot sieht sich immer dem Vorwurf als »Superintellektueller« ausgesetzt. Er selbst äußerte sich in einem seiner Essays, deren Lektüre ich immer und immer wieder empfehlen werde, daß der Dichter nicht so sehr darauf bedacht sein muß, philosophisch zu denken, als vielmehr »ein emotionales Äquivalent des Gedankens« zu finden, »da die wesentliche Funktion der Dichtung emotional und nicht logisch ist.« Die Syllogismen der Dichter sind die Bilder. Ihre Pflicht, die Dante und Shakespeare vollkommen erfüllt haben, besteht in nichts anderem, als »express the greatest emotional intensity of their time, based on whatever their time happened to think«. Je intellektueller ein Dichter sei, fügt Eliot hinzu, desto besser, weil so das, wofür er sich interessiert, eine größere Tragweite hat und seine Sprache ausgereifter ist.

Eliot verlangt aber vom Leser ausdrücklich »a certain brain-work«. Unsere heutige Kultur in ihrer großen Vielgestaltigkeit und Komplexität und der Vielgestaltigkeit dieser Komplexität, muß, wenn sie von dem feinfühligen Gespür eines Dichters wiedergegeben wird, zu komplexen Ergebnissen führen, die der Leser nicht ohne einen bestimmten Willens- und Kraftaufwand erfassen kann.

Die Dichtung Eliots und die ganze Dichtung der Moderne will mit großer Aufmerksamkeit und mit großem Einfühlungsvermögen gelesen werden. Diese Anstrengung muß man allerdings nur einmal machen.

Thomas Stearns Eliot

Wenn Sie in die Assoziationskette des Autors einge-
drungen sind, wird die weitere Lektüre desselben
Gedichts leicht erscheinen und Sie werden sie wie
ein starkes, aber ganz reines Konzentrat genießen
können.

Ein anderes, noch wichtigeres Postulat der Dichtung Eliots ist, daß die Gefühle des Dichters nicht
an sich wichtig sein müssen, wichtig allein ist die dis-
kursive Form, die er seinen Gefühlen zu geben weiß.
Ob ein Gedicht die Jahrhunderte überdauert, hängt
nicht von einem bestimmten Gefühlszustand des
Schreibenden ab, sondern davon, ob und wie weit
er für diese Gefühle »ein korrelierendes Objekt« ist.
Mit dieser berühmten Formulierung hat Eliot Worte,
eine Situation oder eine Folge von Bildern gemeint,
die das ganz persönliche Gefühl des Autors beschrei-

ben und zugleich dem allgemeinen Erfahrungsschatz des Lesers angehören. Wenn die Bilder im Geist des Lesers entstehen, werden sie genau die Gefühle des Autors hervorrufen. Nehmen wir einmal an, ich will einem Freund, der fünf Kilometer von meinem Haus entfernt wohnt, mitteilen, daß ich in diesem Augenblick deprimiert und traurig bin. Dann ist es nutzlos, sich ans Fenster zu stellen und zu jammern, mein Freund wird mich nicht hören. Wenn ich aber mit Hilfe des Telefons mein Jammern in elektrische Schwingungen verwandle und im Hause meines Freundes wiederum in Töne, dann wird er über meinen Zustand zuverlässig informiert sein.

Das Gesagte ist nur ein verschwindend kleiner Teil dessen, was zu sagen wäre, aber ich hoffe, daß es Ihnen trotzdem für meine Art, Eliot zu lesen, als »Wegweiser« dienen kann. Er zeigt in die gleiche Richtung wie für die Lektüre von Mallarmé, Montale, Ungaretti, Hopkins, Valéry, den späten Rilke, Eluard und unzählige andere.

Christopher Fry

*E*in gar nicht mehr ganz junger englischer Dichter kann uns vielleicht noch eine vollkommene Dichtung schenken: der 1907 geborene Christopher Fry. Daß er von Eliot beeinflußt ist, spürt man am stärksten, wenn er ihn liebevoll auf den Arm nimmt; er hat jedoch auch Einflüsse aus einer ganz anderen Richtung aufgenommen, von den Franzosen de Musset und Anouilh, am stärksten und sichtbarsten aber von dem unübertroffenen Shakespeare. Bis vor einem Jahr hielt ich Fry noch für einen bedeutenderen Dichter als Eliot. Seit ich ihn genauer kenne, werde ich allerdings gewahr, daß ihm noch die tragische Tiefe, eine wirklich homogene Weltsicht fehlt. Als Dramatiker übertrifft er Eliot aber bei weitem und hinterläßt den Eindruck einer ständigen Weiterentwicklung. Glückliches England, dessen literarisches Leben wir wie ein Galopprennen verfolgen können!

Fry kam über das Theater selbst zum Theater: er war Regisseur an der Experimentierbühne von Turnbridge Wells, und hat auch nur Theaterstücke in Versform geschrieben. 1939 erschien *The Boy With a Cart*, 1946 *A Phoenix Too Frequent*, im gleichen Jahr schrieb Fry *The Firstborn*, das aber erst 1948 uraufgeführt wurde; ein Jahr später erschien *The Lady's Not for Burning*, 1950 *Venus Observed* und 1951 *A Sleep of Prisoners*, das ich nicht kenne. Fry übersetzte auch *L'invitation au Château* von Anouilh ins Englische.

Die Verse all dieser Werke sind nicht nur durch ihre Prägnanz und Ausdrucksstärke vollkommen den Erfordernissen der Bühne angepaßt, sie besitzen auch jede wünschenswerte poetische Qualität.

Ihr Geist und sprühender Witz liegt nicht nur in den Worten, sondern auch in der Konfrontation der Ideen selbst. An der Heiterkeit, Zärtlichkeit und Brillanz seiner Verse erkennt man die Fülle der poetischen Bilder, über die Fry verfügt, und es ist vergnüglich zu beobachten, wie er sich gelegentlich geradezu zwingen muß, den Fluß seiner Verse brüsk abzubrechen. Und die Sprache! Fry hat die äußerst seltene Fähigkeit, mit ausschließlich modernen Worten Verse zu bilden, die die Geschmeidigkeit der besten Elisabethaner haben. Die Lektüre auch nur einer einzigen guten Szene von Fry vermittelt schon allein durch Klang und Duft der Sprache höchsten Genuß.

Fry hat viele Interessen, er drückt die verschiedensten Stimmungen aus, seine Vielseitigkeit ist bewundernswert – aber auch gefährlich. Sie kann ihm auf dem Weg zu den höchsten dichterischen Höhen eine Falle sein.

Das Jugendwerk *The Boy With a Cart* erzählt in der Form eines »miracle play« die Geschichte eines von einem alten englischen Heiligen vollbrachten Wunders und besitzt keine herausragende stilistische Besonderheit außer der, daß hier der Stil von *The Murder in the Cathedral* ins Komische übersetzt ist.

In *Thor, with Angels* (das ich bei meiner Aufzählung vergessen habe, das aber auf *The Boy With a Cart* folgt), hat sich Frys Stil bereits deutlich weiterentwickelt. Das Stück behandelt die Einführung des Christentums im unzivilisierten und bitterarmen sächsischen England. Fry erweist sich hier fast durchgängig als ein Meister der für die moderne englische Literatur so typischen Mischung aus Ironie und Einfühlung, und seine Verse quellen über von ländlich-heiteren Bildern, die der Kriegswut und dem Aberglauben der alten Sachsen ihren Schrecken

Christopher Fry

nehmen (was der Autor übrigens auch beabsichtig-
te). Ein gelungenes Werk.

 The Firstborn benützt als einziges der Stücke Frys
eine Vorlage, nämlich die Geschichte von Moses und
den ägyptischen Plagen, und hat als einziges ein tra-
gisches Ende. Gegenüber diesen Anforderungen,
die seinen Fähigkeiten offenbar nicht entgegen-
kamen, zeigt sich Fry zögerlich und läßt im ersten
Akt seine gewohnte Kühnheit bei der Einführung
der Themen vermissen. Aber er erholt sich schnell
wieder und stellt Moses mit einem Hauch von Re-
spektlosigkeit, aber mit kraftvollem Pathos als einen
Mann dar, der Gesetzen gehorcht, ohne ihren Sinn zu
verstehen, und Wunder vollbringt, ohne sie selbst
herbeizuwünschen. Der Pharao erscheint entgegen
der biblischen Tradition als ein sympathischer und
»zugänglicher« Mensch, und die Verse Frys nehmen

die so ganz elisabethanische melancholische Weisheit an, die zu seinen anziehendsten dichterischen Eigenschaften gehört:

>»I do not know why the necessity of God
Should feed on grief; but it seems so«

sagt Moses am Ende mit sanft beißender Resignation.

A Phoenix Too Frequent ist in einer Mischung, wie sie den Engländern gefällt, ein phantasievolles, boshaftes Scherzo über makabre Themen, in dem Groteskes und Düsteres auf faszinierende Weise in Frys gewohnt nüchternen Versen zusammenfließt. Mit diesem Scherzo machte sich Fry bei einem wenn auch kleinen Kreis von Kennern einen Namen.

Erst 1948 erreichte er mit *The Lady's not For Burning* ein breites Publikum. Den Inhalt dieser Komödie mit ihrer raffinierten Täuschung und ihren poetischen Allegorien brauche ich nicht wiederzugeben. Sie stellt im englischen Theater etwas wirklich Neues dar, oder man sollte vielleicht besser sagen, daß nach vier Jahrhunderten die bäuerliche Frische der kleinen englischen Landstädte und die boshafte Gutmütigkeit ihrer Bewohner endlich wieder so eindringlich vor Augen geführt wurden wie in den unvergeßlichen *Merry Wives,* um nur ein Beispiel zu nennen.

Die beiden wunderbaren Hauptpersonen, der reuige Soldat, der um jeden Preis aufgehängt werden will, und die schöne Jennet, die um keinen Preis sterben will, finden in einer absurden und köstlichen Schlußszene zusammen. Eine Reihe von komischen Nebenfiguren beleben und erhellen die Szenen in einem Wirbel von Worten, in teuflischem Tempo, mit überraschenden und brillanten sprachlichen Effekten, wie wir sie seit Shakespeare und Beaumont nicht mehr erlebt haben.

In dem noch bedeutenderen *Venus Observed* scheint mir das von Eliot formulierte Ideal erreicht, daß eine Verskomödie zugleich plausibel und poetisch, realistisch und reich an Bildern sein solle. Fry folgt Eliot aber nur in der Form, denn ansonsten sieht er bei ihm eine »Negierung des Lebens«, die er ablehnt. Realismus und Phantasie vermischen sich in den Gestalten der vier schönen Frauen, die die Szene beherrschen; aus jedem Vers des Herzogs, eines modernen Prospero, spricht die heiterste Melancholie, und ganz in der Tradition stehen die komischen Gestalten des Hausmeister-Dompteurs, des Kammerdiener-Einbrechers und des Verwalter-Diebes. Perpetua, die anbetungswürdige Tochter, ist eine wunderbare Mischung aus Rosalind und Miranda, und nach der herrlich boshaften Liebesszene zwischen dem Herzog und Miranda spielt sich die ganze Feuerszene im Rhythmus eines Tanzes ab.

Das ganze Stück enthält »sub specie aeternitatis« ständig Bezüge auf die Sterne, Mondfinsternisse, die Winde und die Kräfte, die über uns ihre Bahn verfolgen, ohne sich um die Menschen zu kümmern. Wenn der Herzog Rosabel dafür dankt, daß sie ihm das Schloß in Brand gesetzt hat, bringt Fry seine Haltung zum Ausdruck, die der Eliots genau entgegengesetzt ist:

> »We fall away into a future, and all
> The seven seas, and the milky way
> And morning, and evening, and hi-cockalorum
> are in it.
> Nothing is with the past except the past.
> So you can make merry with the world, Rosabel.
> My grateful thanks.«

Wie durch ein Wunder scheinen wir die tiefgründigen, illusionslosen und zugleich heiteren Worte Shakespeares wieder zu hören.

Das Beste aber will ich nicht vergessen, die wunderbaren Verse, die regendurchtränktes Land heraufbeschwören, einsame Weiher, entrückte Sterne, die Schönheit der Frauen und die Gewalt des Feuers, die Langeweile mancher Ehen und den Ekel unterdrückter Jugend. Das wahre Meisterwerk Frys, vielleicht die Vorstufe zu höchster Vollendung.

Diese »Vorstufe zur Vollendung« hat Eliot mit seinen *Quartets* erreicht und Fry mit *Venus Observed*. Wenn die Musen ihnen (und uns) weiterhin beistehen, dann wird die Regierungszeit von Elisabeth II. einmal den gleichen Ruhm genießen wie die ihrer großen zänkischen Namensschwester.

Aldous Huxley

Als beste Romanciers Englands gelten heute »ex aequo« die Bowen und Graham Greene; vor zehn Jahren hätte bei vielen tausend Lesern Aldous Huxley diesen Platz eingenommen. Alles ließ seinen Aufstieg zu höchstem Ruhm vermuten: seine ausgeprägte Sensibilität, Reinheit des Stils, eine fundierte Bildung auch in den Naturwissenschaften (eine wertvolle Gabe für einen Schriftsteller heutzutage), ein sehr menschlicher Sinn für Humor, gepaart mit beißendem Witz, eine seltene Beobachtungsgabe (damit meine ich die Fähigkeit, intellektuelle Haltungen zu beobachten, nicht den Fleck auf der Hose des Freundes).

Diese Hoffnungen sind leider bitter enttäuscht worden. Heute kann man leicht sehen, daß Huxley keine Fähigkeit zur Gestaltung von Personen besaß. Schon in den ersten, durchaus fesselnden Romanen wie *Antic Hay* (1921), *Crome Yellow, Those Barren Leaves* und *Point Counter Point* (1928) nimmt man nur wahr, was die Personen *sagen,* und die Umgebung, in der sie leben, ist viel wichtiger als das, was sie *sind* und *sagen.* Es sind Konversationsromane, in denen einige Personen unter dem Vorwand einer traurigen oder komischen Handlung, mit unübertroffener Brillanz und Geistesschärfe ihre Ideen über alle Wissensgebiete der Menschheit ausbreiten.

Ähnlich wie bei Thackeray steht Huxley der Gesellschaft, in der er lebt, mit Sarkasmus gegenüber. Thackeray aber konnte als geborener Romancier seinen Sarkasmus nur durch seine Figuren ausdrücken, deren Wesen und Schicksal der geschichtlichen Bedeutungslosigkeit spotten. Ihre Worte haben nur Bedeutung, weil sie die Personen beleuchten, ja sie erst schaffen; *an sich,* als Gesellschaftskritik, sind sie wertlos. Ganz anders bei Huxley. Seine Worte sind oft so präzis wie Epigramme, die man zusammenstellen könnte, um ein ironisches Bild unserer Zeit zu entwerfen. Aber sie sind düsteren Larven in den Mund gelegt, deren Düsternis nichts erkennen läßt.

Worte, Inhalt und Weisheit sind bewundernswert, aber von Marionetten vorgetragen.

Viele haben diese Schwächen schon damals erkannt, aber man hielt sie für mangelnde künstlerische Reife. Als Vorgeschmack weiß Gott welcher künftiger Meisterwerke hat man die unübertroffene Konversation genossen. Aber es kam nichts, immer nur neue Aphorismen, neue Ansichten über Konfuzius, Freud, die elisabethanische Architektur oder Bergson; immer nur Aperçus von unerreichter Treffsicherheit. Aber keine Romane. Als *Point Counter Point* erschien, glaubte man einen Fortschritt zu erkennen, Huxleys Bewunderer waren sich sicher: »Das nächste Buch wird ein großes Werk sein!« *Brave New World,* sein nächstes Buch, enthielt die kühnsten und bittersten Worte, die seit Swift über die Naturwissenschaften und den gesellschaftlichen Fortschritt *gesagt* worden sind. Aber es war kein Roman, kein Drama.

Nach dem 1932 erschienenen *Brave New World* wurde es immer schlimmer. In *Time Must Have a Stop* (1945), das in Florenz spielt, finden wir wunderbare Beschreibungen, scharfsinnige Kunstkritiken, Geist in Hülle und Fülle, aber wie immer keine Personen. Vielleicht erinnern Sie sich an den Faschisten Angelo Mottini, der unvorstellbar farblos ist. In *Eyeless in Gaza* läßt sich der Versuch einer Erneuerung der Erzähltechnik erkennen, der aber im Grunde nur darin besteht, die Anordnung der Kapitel zu ändern. So, wie sie gedruckt sind, ist das Buch unverständlich, wenn man mit einiger Mühe die natürliche Ordnung wieder herstellt, ist es nutzlos. Der letzte Roman, den ich kenne, ist *After Many a Summer.* Am Anfang erzählt Huxley mit gewohnter Brillanz von einem englischen Intellektuellen, der nach Kalifornien kommt, und über alles, was er an Fremdartigem und Abwegigem in der Neuen Welt beobachtet, überrascht ist. Die »Sequenz« eines Friedhofsbesuchs ermöglicht den direkten Vergleich zwischen Huxley in der Phase seines künstlerischen Niedergangs und Evelyn Waugh in der aufsteigenden Phase ihrer Entwicklung. Sie hat in *Loved One* denselben Friedhof beschrieben, mit wesentlich eindringlicherer Bitterkeit, und der Vergleich fällt ganz zu ihren Gunsten aus. In der weiteren Entwicklung des Romans schil-

Aldous Huxley

dert Huxley die Szenen in dem schrecklichen Schloß des brutalen Milliardärs mit der gewohnten unwiderstehlichen Schärfe, der Schluß aber kann uns nicht fesseln, denn Huxley nimmt die Auffindung eines alten Manuskripts zum Anlaß für weitschweifige Betrachtungen über Leben und Tod. Man erkennt zu deutlich die Fäden, an denen die Marionetten bewegt werden.

Nach all dem mit Bedauern Gesagten bleibt mir noch, über den »besseren« Huxley zu sprechen, den, der keine Romane mehr schreiben will, sondern sich damit begnügt, düstere Zukunftsprognosen für seinesgleichen anzudeuten und auszumalen. *Ape and Essence* zeigt uns, in welchem Zustand sich die Welt in fünfzig Jahren nach einem Atomkrieg befinden wird. In dem verwilderten und durch die atomare Strahlung unfruchtbar gewordenen Kalifornien irren merkwürdige ausgemergelte Menschen herum, die in den Zustand der Barbarei zurückgefallen sind und den Teufel anbeten. Dieses Buch erhebt nicht den Anspruch, ein Roman zu sein, und eröffnet mit großer Eindringlichkeit düsterste Zukunftsaussichten. Auf seine Art ein erstklassiges Buch, ebenso erstklassig wie die früher erschienenen Reisenotizen.

Der Kern des Problems Huxley liegt meines Erachtens im Anachronismus seiner Darstellung. Als Sohn einer Familie von berühmten Wissenschaftlern steht Huxley so sehr in der wissenschaftlichen und humanistischen Tradition, daß er eigentlich ein – großer – Schriftsteller des 18. Jahrhunderts ist. Er hat viel von Swift, Steele oder Addison, für die die Literatur nur ein Vehikel zur Übermittlung von theoretischen Systemen, nicht von Gefühlen ist.

Das hat ihn künstlerisch ruiniert, es hat aber seinen Büchern zugleich einen unsterblichen Wert verliehen, denn sie werden als Zeugnis der Ideen, der Illusionen und Schreckensbilder der Generation, der wir angehören, ebenso überleben wie die *Gespräche* Lukians und die *Essais* von Montaigne.

Es täte mir jedoch leid, wenn die Bitterkeit meiner enttäuschten Liebe Sie davon abhielte, Huxley zu lesen. Wer sich nicht mit einem provinziellen Horizont begnügen will, muß Huxley kennen, denn seine Ideen sind unverbraucht und leicht wie die reine Luft auf der Spitze eines Berges, wo man gut durchatmen, aber nichts bauen kann.

Zum Abschied

Wir haben ein Jahr zusammen verbracht, Sie als Zuhörende, ich als Ausführender, und ich weiß nicht, ob ich mich mehr über Ihre Geduld oder über meine Hartnäckigkeit wundern soll.

Ohne unbescheiden zu sein, kann ich sagen, daß ich Ihnen viel vermittelt habe. Wieviel davon allerdings hängenbleiben wird, weiß ich nicht, oder eigentlich bin ich sicher, daß so gut wie nichts hängenbleibt. Mein fester Entschluß, nach den jeweiligen Vorlesungen alles zu verbrennen, hat die ganze Arbeit nutzlos gemacht. Ich werde Ihnen aber Blätter austeilen, auf denen das Wichtigste über die englische Literatur zusammengefaßt ist, gereinigt von meinen dreisten Zusätzen. Wenn Sie dadurch angeregt würden, möglichst viel zu lesen, dann wäre doch etwas erreicht.

GIUSEPPE TOMASI DI LAMPEDUSA

1896 in Palermo geboren, 1957 in Rom gestorben, schrieb seinen einzigen Roman »Der Leopard« kurz vor seinem Tod. Nur wenige Jahre zuvor schrieb er, zur privaten Unterrichtung eines jungen Neffen und zum eigenen Vergnügen, eine Sammlung biographischer Studien zur englischen Literatur, die in Lampedusas Nachlaß gefunden und unter dem Titel *Letteratura inglese* (zwei Bde.) 1991 veröffentlicht wurde, der sowohl die drei Versuche über Byron, Shelley und Keats als auch die Versuche über die Literatur der englischen Moderne entnommen sind.

Die zwölf Studien sind Teil des zweibändigen Werks
Letteratura inglese,
das 1991 bei Arnoldo Mondadori in Mailand erschien.

Morgenröte der englischen Moderne
erschien 1995 als 55. S∇LTO

© 1991 Arnoldo Mondadori Editore, Mailand
© 1995 für die deutsche Übersetzung:
Verlag Klaus Wagenbach, Ahornstraße 4, 10787 Berlin
Der Einband verwendet Photos von
David Herbert Lawrence, George Bernard Shaw,
James Joyce und Virginia Woolf.
Gesetzt aus der Borgis Caledonia
von der Offizin Götz Gorissen, Berlin
Gedruckt auf chlor- und säurefreiem Papier
und gebunden von Clausen & Bosse, Leck
Leinen von Herzog, Beimerstetten
Printed in Germany. Alle Rechte vorbehalten
ISBN 3 8031 1154 4
S∇LTO ist patentgeschützt

Bildnachweis: S. 54 The Beinecke Rare Book and
Manuscript Library, New Haven, S. 63 David Garnett,
S. 88 Süddeutscher Verlag, Bildarchiv, München,
S. 101 Foto: Yousuf Karsch, © Ullstein Bilderdienst.
Alle anderen Fotos aus *Ignoto a me Stesso*, Bompiani.
Mailand 1987.